# El bebé:
# instrucciones
# de uso

# LAROUSSE

## EDICIÓN ORIGINAL

**Dirección de la publicación**
Isabelle Jeuge-Maynart

**Dirección editorial**
Carole Bat

**Coordinación editorial**
Nathalie Cornellana
con la colaboración de Elisabeth Andréani y Dominique Rougié para la redacción de los textos

**Asesor en pediatría**
Dra. Jacky Israël, pediatra neonatóloga

**Dirección artística**
Emmanuel Chaspoul y Cynthia Savage

**Diseño**
Isabelle Chemin

**Fotografías**
© Larousse/Olivier Ploton (1 p. 8, 3 y 4 p. 9, pp. 18-19, pp. 30-31, pp. 40-41, p. 50, p. 51 abajo izquierda y arriba derecha, pp. 58-59, p. 68-69, pp. 78-79, p. 83, p. 85 arriba izquierda, arriba derecha, p. 87, p. 88-89, p. 104, p. 109, p. 110, pp. 114-115)
La fotografía de la página 51 abajo derecha ha sido extraída de Déco Fimo et pâtes durcissantes, ed. Dessain&Tolra/Larousse 2004, de las autoras Irène Lassus y Marie-Anne Voituriez, estilista Pascale Chombart de Lawe, fotógrafo Francis Waldman.

El resto de fotografías es de Anne-Sophie Bost.

El editor da asimismo las gracias a Maud y Léonie, Cécile y Raphaël, Karine, Cassandre y Jules, Isabelle y Thomas, Anna y Margaux, así como a Marie-Cécile Haingue.


## EDICIÓN ESPAÑOLA

**Dirección editorial**
Jordi Induráin Pons

**Edición**
M. Àngels Casanovas Freixas

**Traducción**
Montse Foz Casals

**Corrección**
Àngels Olivera Cabezón

**Maquetación y preimpresión**
dos més dos, edicions

**Cubierta**
Mònica Campdepadrós

© 2008 Larousse
© 2008 LAROUSSE EDITORIAL, S.L.
Primera reimpresión: 2009
Mallorca 45, 3.ª planta – 08029 Barcelona
Tel.: 93 241 35 05 – Fax: 93 241 35 07
larousse@larousse.es – www.larousse.es

ISBN: 978-84-8016-844-1
Depósito legal: NA-2327-2009
Impresión: Gráficas Estella
Impreso en España – Printed in Spain

# Sumario

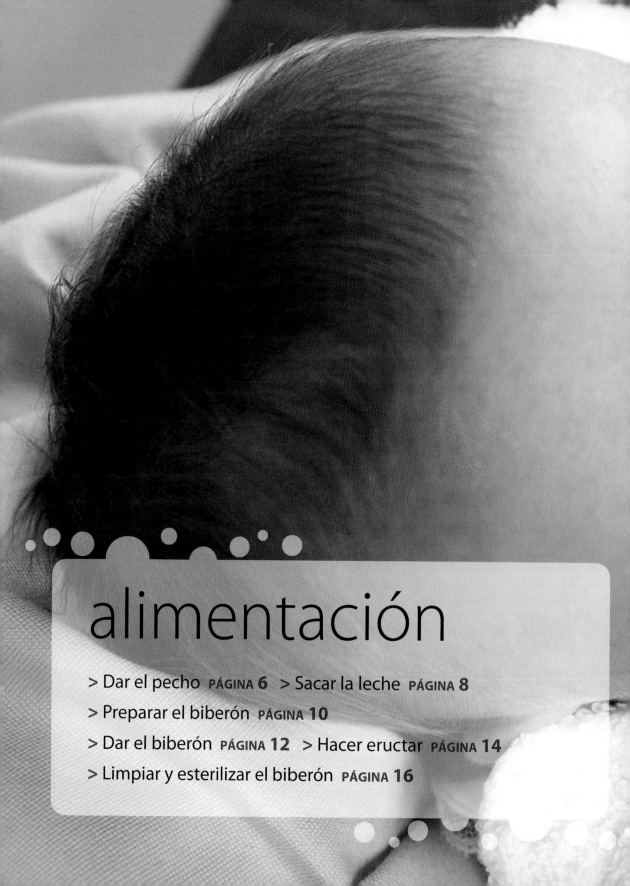

# alimentación

# Dar el pecho

La lactancia suele requerir un periodo de adaptación de algunos días. En cuanto encuentre la mejor postura para dar el pecho y la manera de colocar al bebé, podrá disfrutar plenamente de estos momentos privilegiados.

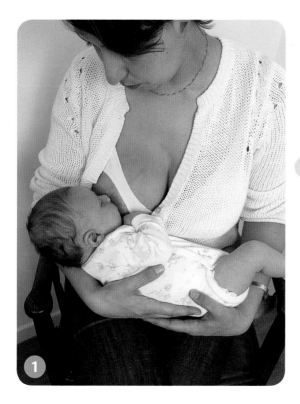

### Evitar las grietas

A menudo es difícil retirar el pecho a un bebé, incluso cuando está saciado, porque sigue chupando por placer. Si se lo quita bruscamente, corre el riesgo de hacerse daño y de que le salgan grietas, que también resulta doloroso. Para evitarlo, acaríciele la comisura de la boca, que se abrirá sistemáticamente y le permitirá retirar el pecho sin ningún problema.

después de flexionarlo). Coloque al bebé en la cama, totalmente apoyado contra usted: con el rostro mirando al pecho y la barriga contra la suya.

### ③ Sentada en un sofá

Siéntese con la espalda bien apoyada en el sofá, con cojines si es necesario. Existen cojines de lactancia rellenos de bolitas muy pequeñas, que le ayudarán a estar cómoda (a usted y al bebé).No tiene que sentir ninguna tensión y debe poder mover el busto hacia delante sin esfuerzo. Coloque al pequeño contra usted vigilando que la oreja, el hombro y la cadera le queden rectos.

### ① Sentada en una silla

Siéntese con la espalda bien apoyada en el respaldo de la silla y, si es necesario, colóquese un cojín para no tener que inclinarse hacia delante. Levante las piernas o, si no puede, crúcelas. Coloque la cabeza del bebé en el hueco del brazo. Debajo puede colocar uno o dos cojines para que el bebé quede completamente apoyado contra usted y a la altura del pecho.

### ② Tumbada

Túmbese en la cama acurrucada, si lo prefiere con el muslo levantado encima de un cojín. Para tener la nuca relajada, coloque la cabeza encima de una almohada (también puede apoyarla en el brazo,

### ④ Mamar de forma eficaz

Independientemente de la postura que utilice, procure que el bebé esté bien colocado y que no tenga que girar la cabeza para mamar. Cuando esté bien situado, introdúzcale el pezón completamente en la boca y tanta aureola (zona oscura) como sea posible. Compruebe que los labios le quedan abiertos hacia fuera. Podrá ver cómo las sienes se mueven al ritmo de las succiones y cuando trague percibirá unos movimientos detrás de las orejas.

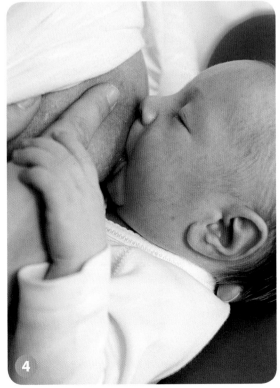

# Sacar la leche

Si le apetece disponer de algunas horas de libertad o dormir una noche casi entera, puede sacarse la leche con anterioridad y guardarla. Tanto si elige un modelo manual como uno eléctrico, espere a que la lactancia esté bien asentada.

### ① Sacaleches eléctrico

Opte por este modelo si se saca la leche con frecuencia, ya que es más eficaz, aunque más pesado y voluminoso. Puede alquilarlo en la farmacia (por semanas). Siga las instrucciones que aparecen en la parte posterior del aparato para conectar el biberón a la bomba y después póngalo en marcha.

### ② Colocar el sacaleches

Lávese las manos. Póngase cómoda y colóquese la boquilla en el pezón, procurando abarcarlo todo. Accione el interruptor con la potencia al mínimo. Después, vaya aumentándola. La extracción no debe resultar dolorosa.

### ③ y ④ Sacaleches manual

El sacaleches manual, más adaptado a un uso puntual, es ligero y poco voluminoso. Lávese las manos antes de utilizarlo.

### Conservar la leche

Es recomendable sacarse la leche por la mañana, ya que la producción en ese momento del día es más importante. La leche materna se conserva unas diez horas a temperatura ambiente (de 19 a 22 ºC), ocho días en el frigorífico (de 0 a 4 ºC) y seis meses en el congelador (-19 ºC). Para conservar la leche, utilice recipientes de plástico o unas bolsas especiales de venta en farmacias. Después de cada uso, limpie minuciosamente el material, aunque no es necesario esterilizarlo.

### ⑤ Colocar el sacaleches

Instálese cómodamente y colóquese la boquilla en el pezón apretando ligeramente para que quede bien cubierto. Accione la bomba y la leche irá rellenando el biberón.

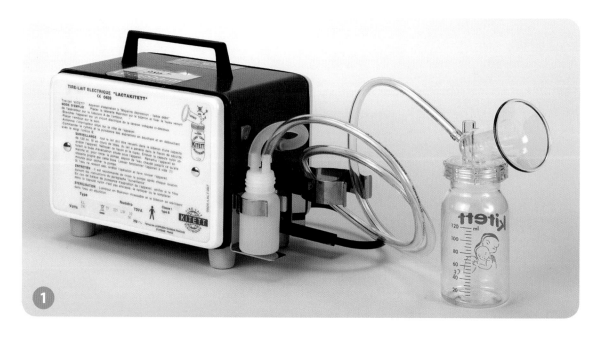

1

3

4

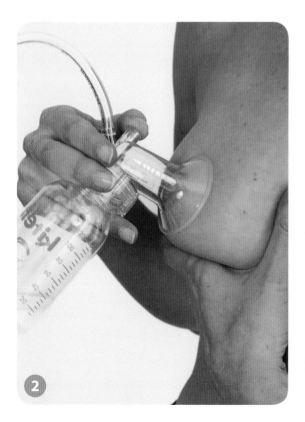

2

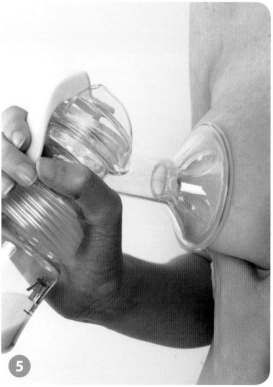

5

# Preparar el biberón

Existen diferentes tipos de leche, pero la que se toma desde los primeros días está adaptada a las necesidades del bebé (hasta 4-5 meses). Utilice agua embotellada sin gas, mineral o de manantial, no fluorada, poco mineralizada y que sea «para uso infantil».

### ① Vierta el agua

Vierta la cantidad de agua necesaria y siga las instrucciones del médico. Compruebe que el nivel de agua llega correctamente a la graduación deseada.

### ② Mida la leche en polvo

Añada la cantidad de leche en polvo prevista contando una medida rasa sin apretar por cada 30 ml de agua. Utilice el borde del bote para retirar el excedente.

### ③ Vierta la leche en polvo

Actúe con un movimiento seco y lo más cerca posible de la boca del biberón para no tirarla fuera.

### ④ Cierre el biberón

Coloque la tetina y el anillo de apriete en el cuello del biberón, pero procure no apretar demasiado el anillo. Coloque el tapón.

### ⑤ Agite

Agítelo para que el agua y la leche se mezclen bien. Remueva el biberón con las manos, pero no lo sacuda de arriba a abajo para evitar que se formen grumos.

### ⑥ Compruebe la temperatura

Si ha calentado el biberón, échese un poco de leche en la cara interna de la muñeca o en la palma de la mano para comprobar la temperatura.

## Hacer participar al padre

No dude en pedirle a su pareja que dé el biberón al bebé. Así usted podrá respirar un poco, y para él también será una forma de ocuparse del niño, aunque al principio se sienta un poco torpe.

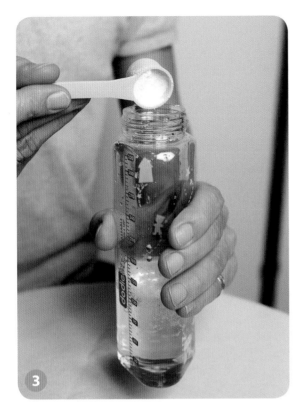

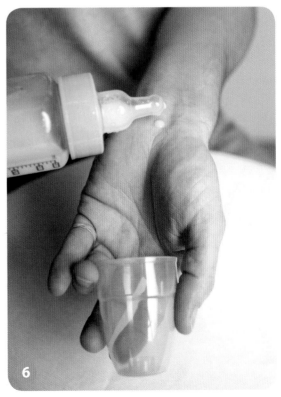

# Dar el biberón

Rápidamente encontrará la forma y la postura que le resultan más adecuadas para dar el biberón a su bebé. Lo esencial es que ambos se sientan cómodos, aún más cuando durante el primer mes el bebé realiza unas seis tomas al día.

### ① La postura correcta

Colóquese cómodamente: en un sillón, en el sofá, en la cama... y con un ambiente tranquilo. Póngase al bebé en las rodillas y después colóqueselo en el hueco del brazo, en posición semisentada, ni tumbado ni demasiado derecho. También puede utilizar un cojín para apoyar el brazo (o el brazo del sillón). Atención: recuerde cambiar de lado para evitar las agujetas.

### ② Un biberón

Incline el biberón y aproxímeselo al bebé. Si no abre la boca espontáneamente, acaríciele los labios con la punta de la tetina. Procure que la tetina quede siempre llena de leche para que no trague demasiado aire. Vigile también que la nariz del bebé esté bien despejada para que pueda respirar cómodamente. Cuando el bebé succiona, aparecen unas burbujas en el interior del biberón; si hace una pausa, hágale eructar (ver más adelante). Si succiona, pero la leche no cae, desenrosque ligeramente el recipiente para que penetre un poco de aire. Si el bebé succiona con demasiada rapidez, modifique la velocidad de goteo de la tetina y haga una pequeña pausa.

### ③ y ④ Con gemelos

Los gemelos exigen mayor organización. Se recomienda alimentarles en horas regulares y simultáneas para que la madre cuente con un tiempo de respiro. Aunque esto no siempre resulta demasiado práctico, y hay que tener también en cuenta los ritmos naturales de los bebés.

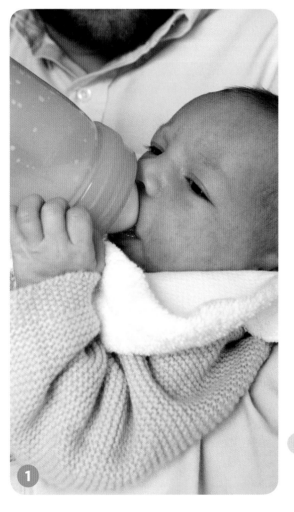

### ¿Qué cantidad?

A la salida del hospital, un bebé toma, de 6 a 7 biberones de 60 ml al día (uno de los cuales por la noche); después, los biberones pasan a 90 ml para alcanzar, generalmente, 120 ml al final del primer mes. Estas dosis son indicativas y deben adaptarse según el apetito del bebé y su ritmo de crecimiento. Asimismo, resulta importante no forzar al bebé a que se acabe el biberón si ya no tiene más apetito.

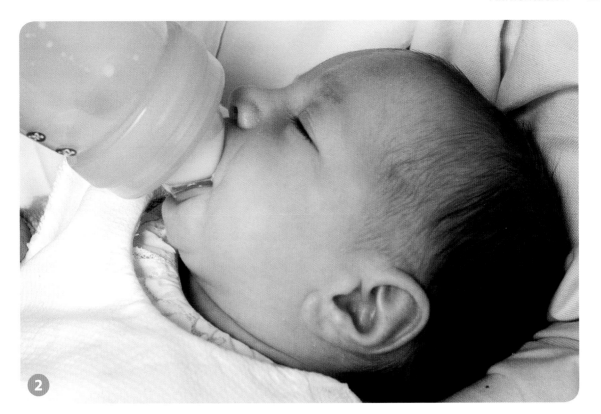

# Hacer eructar

El bebé que se alimenta con biberón ingiere aire. El hecho de eructar le permitirá expulsar este aire. Puede hacerle eructar cuando acabe el biberón o bien durante una pausa si toma el biberón con demasiada rapidez o si parece incómodo (se retuerce, pone mala cara).

### ① Contra su hombro

Es la posición más habitual. Por precaución, colóquese una toalla o un trapo en el hombro, porque el eructo suele ir acompañado de regurgitación. Coloque al bebé derecho, contra usted y contra su hombro. Dele suaves golpecitos en la espalda o masajéele. Si el eructo no sale, camine con el bebé en brazos, ya que no tardará en salir.

### ② Sentado

Coloque al bebé delante de usted, sentado. Sujétele la cabeza con una mano y, con la otra, sujétele dándole golpecitos en la parte inferior de la espalda. Cuando el bebé se sostenga solo, podrá sentarle de lado, con las piernas hacia fuera.

## ¿Se puede preparar un biberón con anterioridad?

No, porque la leche podría convertirse en un caldo de cultivo para las bacterias y provocar una gastroenteritis. En cambio, puede preparar un biberón con agua tibia y conservarlo en una bolsa isotérmica, y añadir la leche en polvo justo antes de dárselo al niño. Asimismo, si su bebé no se ha terminado el biberón, deseche inmediatamente lo que haya sobrado.

## ¿Qué hacer si el bebé regurgita?

Este pequeño accidente es habitual y suele suceder cuando el bebé eructa después de haber comido. Si la regurgitación se produce justo después de un biberón o de una toma, no debe preocuparse. Si el bebé regurgita poco y no llora, suele ser señal de que ha ingerido demasiado y con demasiada rapidez. Intente reducir la velocidad de goteo de la leche, o haga una pausa a mitad del biberón. Si su bebé regurgita sistemáticamente y mucho, si llora, se retuerce o si lo hace con frecuencia después de haber comido, consulte con el pediatra porque puede tratarse de un reflujo gastroesofágico. Se trata de un mal funcionamiento del orificio que une el esófago con el estómago, que desaparecerá cuando el bebé tenga aproximadamente un año. Si su bebé ingiere con dificultad y regurgita fácilmente, puede deberse al muguete, que se manifiesta en la boca en forma de placas de color blanco. Consulte su pediatra.

### ③ Tumbado

Coloque al bebé boca abajo, tumbado sobre sus muslos. Manténgale la cabeza más elevada que el resto del cuerpo para evitar que regurgite. Sujétele la cabeza con una mano y, con la otra, masajéele la espalda.

# Limpiar el biberón…

Es indispensable que la higiene sea rigurosa, sobre todo los seis primeros meses. Así pues, acostúmbrese a limpiar minuciosamente el biberón y la tetina después de cada uso, tanto si esteriliza el biberón como si no.

### ① El biberón

Vacíe el biberón si el bebé no se lo ha terminado y aclárelo. Después, lávelo con agua caliente y lavavajillas utilizando la escobilla para eliminar cualquier resto de leche. (Consejo: no introduzca escobilla en un biberón lleno de agua, a menos que quiera salpicarse). Después, aclárelo minuciosamente y déjelo secar. También puede ponerlo en el lavavajillas, así como los accesorios, en cuyo caso se recomienda aclararlos con agua para eliminar cualquier resto del detergente utilizado.

### ② La tetina

Saque la tetina del anillo de apriete. Con una pequeña escobilla reservada a tal fin, limpie con cuidado la tetina, el anillo de apriete y el tapón, procediendo del mismo modo que con el biberón.

## Siga algunas normas de higiene

● Lávese las manos sistemáticamente antes de manipular el biberón y sus accesorios, incluso para limpiarlos.

● Antes de colocar los diferentes elementos, limpie también la superficie de trabajo.

● Para secarlos, utilice bayetas desechables en lugar de un paño de cocina.

● Procure que el biberón esté totalmente seco antes de prepararlo.

# ...y esterilizar

Existen diversas opiniones acerca de si es necesario esterilizar los biberones de un recién nacido. Si con ello se queda más tranquila, hágalo. Sin embargo, ello no le exime de lavar el biberón ni de tomar las precauciones higiénicas descritas anteriormente.

### ① Esterilización en caliente

Independientemente del método de esterilización, primero tiene que lavar, aclarar y secar los biberones, las tetinas, los anillos y los tapones. Compruebe que no queda ningún resto de leche. Después, colóquelos en el esterilizador mezclados o en compartimentos, sumergidos. Tape el recipiente, colóquelo en el microondas y siga las instrucciones del fabricante en cuanto a la potencia y el tiempo.

La esterilización implica en general unos diez minutos. Es un método rápido y fácil, pero es necesario disponer de un microondas. Si utiliza un esterilizador eléctrico, la esterilización también tarda unos diez minutos, pero el sistema es bastante costoso y ocupa más espacio. También puede poner los biberones y los accesorios en agua hirviendo y dejarlos, respectivamente, 30 y 15 segundos. Es el sistema menos caro, pero no resulta práctico.

### Esterilización en frío

Ponga una pastilla (o el líquido de esterilización) en el recipiente que contiene los biberones y los accesorios cubiertos de agua (asegúrese de que quedan totalmente sumergidos y de que no están unos encima de otros). Deje actuar unos 30 minutos (ver el tiempo indicado en las instrucciones del fabricante). Es rápido y económico, pero puede dejar un ligero gusto a cloro.

1

### ¿Hasta qué edad hay que esterilizar los biberones?

Se aconseja esterilizar los biberones hasta los tres meses de edad o cinco como máximo. La esterilización no es imprescindible; además, es una práctica que suele abandonarse con el segundo o el tercer hijo.

# Leches artificiales

Estas leches, elaboradas a partir del modelo de la leche materna, la mayoría a partir de la leche de vaca, están sujetas a una reglamentación precisa y rigurosa que garantiza sus **cualidades nutricionales** y sanitarias. La cantidad de proteínas está adaptada para evitar un exceso de aporte proteico con respecto a la leche materna. Además, las leches «maternizadas» están enriquecidas con ácidos grasos esenciales de origen vegetal, con aminoácidos, vitaminas y minerales. Se distinguen:

● las leches «**desde el primer día**» o «**para recién nacidos**», adaptadas a las necesidades de los bebés desde el nacimiento hasta los 4-5 meses;

● las leches «**de continuación**», destinadas a bebés de 6 meses, que realizan como mínimo una ingesta diaria sin leche;

● las leches «**de crecimiento**», destinadas a niños a partir de 1 año y de hasta 3 años de edad.

Así, actualmente, las leches infantiles se adaptan bien al organismo del bebé. Sin embargo, no tienen todas las cualidades de la leche materna porque carecen de los **anticuerpos** que protegen al bebé de determinadas infecciones. También son más indigestas que la leche materna, cuya composición se adapta a las necesidades del bebé.

## Cuidado con el biberón de complemento

Debe evitarse al inicio de la lactancia, porque altera la producción de leche.

## Material

Los biberones son de **cristal** o de **plástico**. Los primeros son más fáciles de limpiar, pero pueden romperse. Es mejor reservarlos para los primeros meses, porque el bebé se mueve menos. Los segundos son irrompibles y más ligeros, pero pierden el color después de varios lavados, y las graduaciones resultan difíciles de leer. Existen biberones de distintas formas: **cilíndricos** (clásicos), **triangulares** (más estables), **acodados** (diseñados para que el bebé no trague aire), o de formas más originales. Asegúrese de que pueda sostenerlos con comodidad con la mano y de que sean fáciles de limpiar. Para garantizar una rotación diaria, adquiera 6 biberones de 240 ml.

*Las tetinas son de goma (más ligeras, pero pueden dejar cierto gusto en la boca) o de silicona (más duras, más lisas, pero sin gusto). No dude en cambiar de modelo si su bebé parece no sentirse cómodo cuando succiona.*

**Cuidado con los medicamentos**

Si está dando el pecho, no puede tomar ningún medicamento (aunque no precisen receta médica y no parezca entrañar peligro) sin consultar antes a su médico.

## Cómo saber si el bebé ingiere lo suficiente

Observe a su bebé: si no se termina el biberón o lo escupe, significa que no tiene más hambre; si patalea, grita y manifiesta su descontento, aumente la cantidad de leche (primero 30 ml). Compruebe que su bebé moja de 5 a 6 pañales y defeca de 2 a 5 veces al día. También puede pesarlo para controlar su aumento de peso. Si le da el pecho, intente fijarse en si mama enérgicamente y si le oye tragar. Cuando las succiones se espacian, si no vuelve a mamar incluso estimulándole, significa que no tiene más hambre (la duración de las tomas en el pecho puede oscilar entre 10 y 20 minutos).

## ¿Qué hacer si el bebé tiene hipo?

¡Nada! El hipo es habitual en los lactantes; no se preocupe. Tiene lugar cuando el bebé ingiere con demasiada rapidez y traga aire. El estómago se hincha, lo que estimula el diafragma, que se contrae, y las vibraciones de la glotis, que se transmiten a las cuerdas vocales, provocan este sonido característico («hip»). Para evitar el hipo, realice pausas durante las tomas. Si el hipo va asociado a otros signos (regurgitaciones, retortijones, pérdida de apetito), consulte al pediatra.

## ¿Se puede utilizar el microondas para calentar el biberón?

Calentar el biberón en el microondas resulta práctico y rápido, lo cual se agradece cuando el bebé tiene hambre. El único riesgo es que la leche esté demasiado caliente, de modo que debe comprobar sistemáticamente la temperatura vertiendo algunas gotas en la palma de la mano o en la muñeca antes de ofrecérselo al bebé. Atención: el biberón se debe calentar sin los accesorios (sin tetina ni tapón).

## ¿Es posible amamantar a gemelos?

Sí, es perfectamente posible, pero para ello la madre debe estar disponible y dispuesta a pasarse horas realizando esta actividad. Así, algunas madres optan por amamantar a los dos bebés al mismo tiempo o uno justo después del otro. Otras prefieren respetar el ritmo de cada uno y alimentarles según sus exigencias, porque lo consideran más fácil y más satisfactorio desde el punto de vista de su relación con ellos.

## PSICOLOGÍA

### Las relaciones madre-hijo durante la lactancia

Desde su nacimiento, el bebé posee un abanico de emociones y de comportamientos interactivos que van a ir desarrollándose a lo largo de las semanas. Entre su hijo y usted se establecerá un contacto muy fuerte, y aprenderán a entenderse utilizando aquello que no necesita palabras (gestos, miradas, sonrisas). La lactancia es uno de los momentos privilegiados con el bebé. La mayoría de las madres que ya han dado el pecho lo confirman: el mayor beneficio se encuentra en la intensidad del vínculo que se crea entre la madre y su bebé. El contacto piel con piel, mirada a mirada, los mimos y los balbuceos son lo que la convierten en una experiencia tan rica. El papel del padre es igualmente importante, aunque no pueda amamantar al bebé; su apoyo resulta muy valioso y constituye una clave importante para el correcto desarrollo de la lactancia.

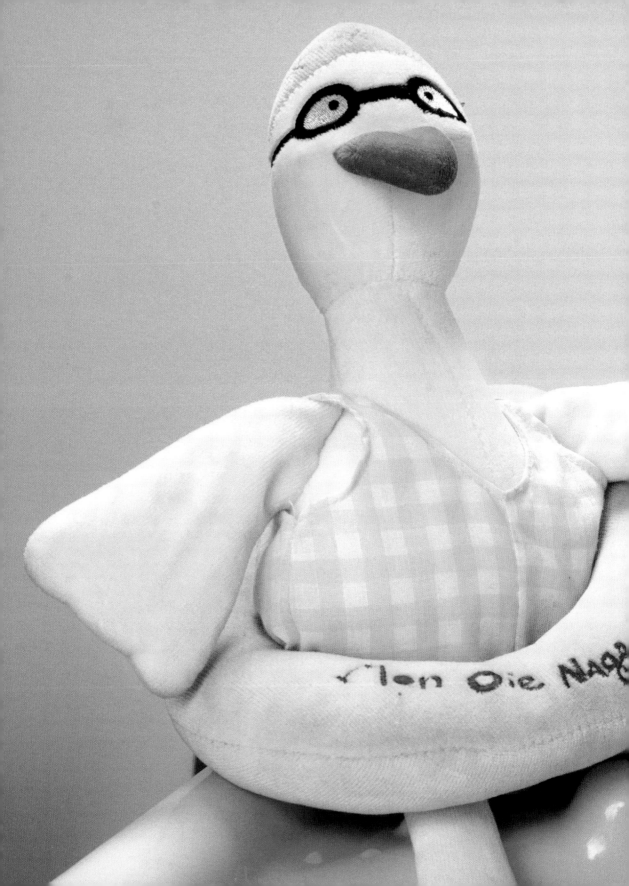

# higiene

# Limpiar la cara

La limpieza de la cara se debe realizar cada día, aunque a los bebés no les guste demasiado que les limpien los ojos. Rápidamente se familiarizará con estos momentos de aseo, que se convertirán en momentos privilegiados de intercambio y de ternura.

### ① y ② Los ojos

Pase delicadamente por encima del ojo una compresa estéril impregnada de agua mineral o de suero fisiológico, del ángulo interno, cerca de la nariz, al ángulo externo. Utilice una compresa diferente para el otro ojo.

### ③ Las orejas

Enrolle a lo largo la punta de un trozo de algodón empapado de agua mineral o de suero (pero no utilice bastoncillos). Ponga la cabeza del bebé de lado y límpiele el pabellón auricular pasando por todos los pliegues. Limítese a la entrada del conducto, porque si lo introduce más podría

desplazar la cera hacia el tímpano y provocar la formación de un tapón. Utilice otro trozo de algodón para la otra oreja.

### ④ La nariz

Enrolle a lo largo la punta de un trocito de algodón humedecido con suero fisiológico y pásela suavemente por la entrada de los orificios nasales, pero procure no introducirlo demasiado. Para humidificar la mucosa nasal, también puede instilar algunas gotas de suero fisiológico en cada orificio. Lo importante es retirar las pequeñas costras que puedan dificultar la respiración del bebé, sobre todo mientras come.

1

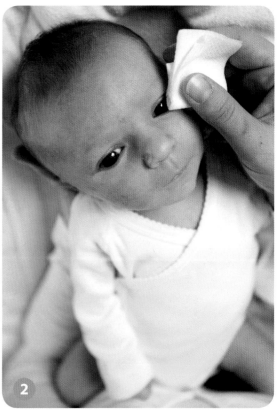

2

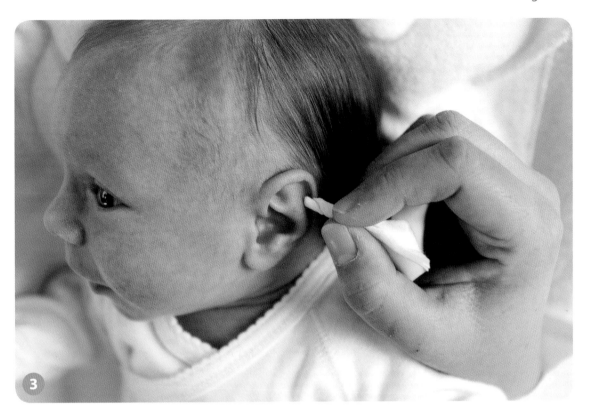

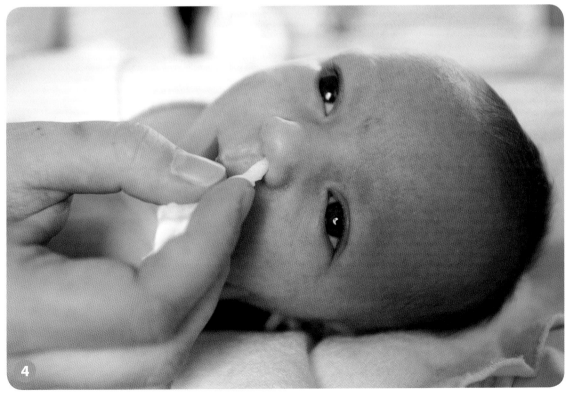

# Cabellos y uñas

Tanto si el bebé tiene mucho cabello como si no, se recomienda, del mismo modo que con la cara, lavarlo a diario. Las uñas, excepto cuando sean especialmente largas, es mejor evitar cortarlas durante el primer mes.

### ① Masajéele el cuero cabelludo

Para prevenir las costras de leche que pueden formarse en el cuero cabelludo, láveselo cada día con agua y jabón. Si se han formado costras, unte el cráneo del bebé con vaselina o crema hidratante por la noche. Lávelo y aclárelo al día siguiente por la mañana, y las costras, que se habrán ablandado, se desprenderán fácilmente. No utilice nunca un secador de cabello, porque podría provocar quemaduras. Las mamás suelen tener miedo de tocar la fontanela, aunque es inofensivo: estas membranas, aunque son flexibles, también resultan sólidas.

### ② Pásele un cepillo suave

No utilice un cepillo normal, adquiera uno especial para bebés. El cepillo suave permitirá eliminar las pequeñas descamaciones del cuero cabelludo sin hacerle daño. Cepíllele el cabello una vez al día.

Para algunos bebés, tocarles el cuero cabelludo puede tener un efecto relajante, como muestra esta fotografía.

### ③ y ④ Las uñas

Adquiera un par de tijeras de punta redondeada, que encontrará en la sección de puericultura. Recuerde desinfectarlas antes de cada uso. Tome la mano de su bebé con la mano izquierda si es diestra (con la mano derecha si es zurda), y coloque el pulgar en la palma de su mano y el índice debajo. Sepárele los dedos y sujéteselos firmemente. Sujete las tijeras con la mano libre y empiece con la uña del pulgar, sin cortar a ras, dejando una pequeña línea blanca. Al cortar, intente redondear el extremo de la uña. Si no lo consigue, utilice una lima. Proceda del mismo modo con la otra mano, así como con los pies.

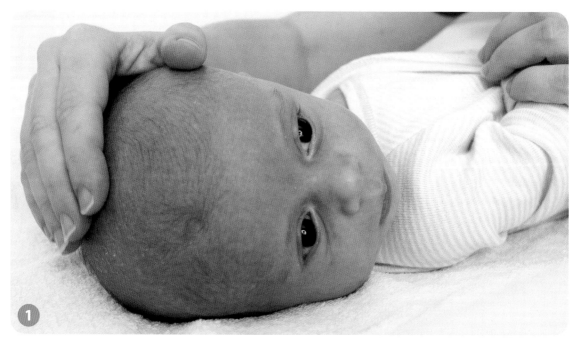

①

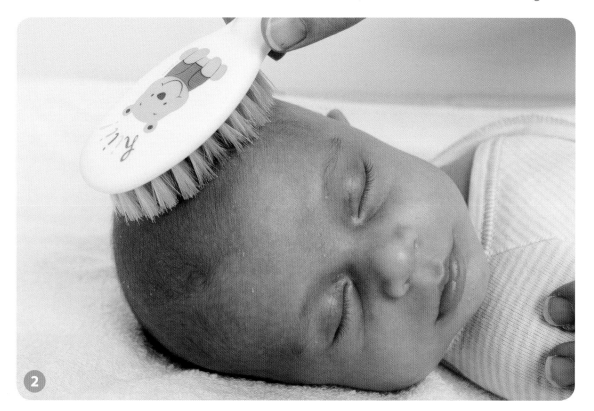

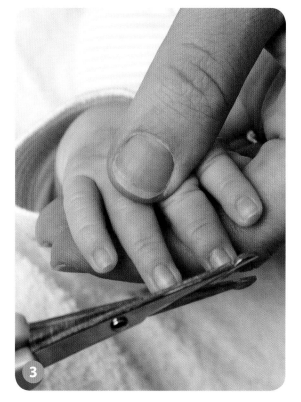

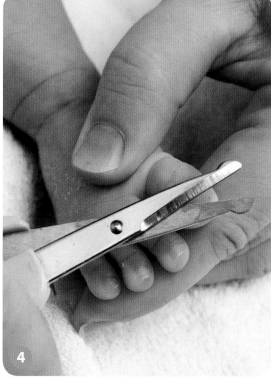

# Bañar al bebé

El baño, en general, es un momento agradable. Por este motivo, si no está cómoda, si no tiene tiempo o si está cansada, puede dejarlo para el día siguiente.

Antes de desnudar al bebé, compruebe que la temperatura de la estancia se sitúe entre 22 y 25 ºC para que no tenga frío. Si es necesario, cierre la ventana. Deje correr el agua y asegúrese con el codo o con la palma de la mano (o con un termómetro de baño) de que está tibia (alrededor de 37 ºC). Prepare la toalla para cuando salga del baño y deje otra cerca por si se hace pipí...

### ① Limpiar las nalgas

Lávese las manos y desnude a su bebé encima del cambiador. Límpiele las nalgas con algodón y leche (o jabón suave). Realice una limpieza más minuciosa si el bebé ha defecado, para que el agua del baño no se ensucie.

### ② y ③ Enjabonar el cuerpo

Enjabónele con las manos con un jabón o un líquido hipoalergénico (el jabón de Marsella también resulta eficaz). Limpie al bebé de arriba hacia abajo, insistiendo en los pequeños pliegues del cuello, de los muslos, entre los dedos de las manos y de los pies.

### ④ Enjabonar la espalda

Puede sentarle para enjabonarle la espalda, sujetándole para evitar que resbale. Si se siente cómoda, también puede enjabonarle directamente en el agua, pero para ello es necesaria cierta destreza.

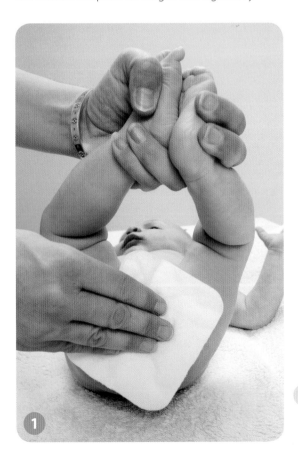

## ¿Cuál es el mejor momento para bañar al bebé?

Se desaconseja bañar al bebé después de una ingesta, ya que podría regurgitar. Asimismo, es preferible evitar bañar a un niño hambriento. Si a su bebé le cuesta dormirse por la noche, el baño al final del día puede ayudarle a conciliar el sueño con mayor facilidad.

Usted misma sabrá cuál es el momento idóneo en función de su organización y del ritmo de su bebé. Intente, no obstante, bañarle siempre a la misma hora, porque así le ayudará a ir reconociendo los diferentes momentos del día.

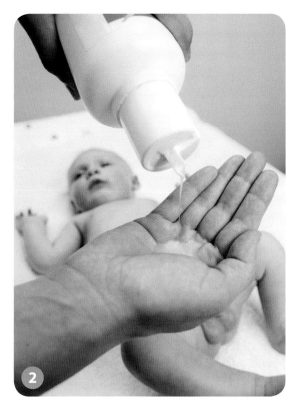

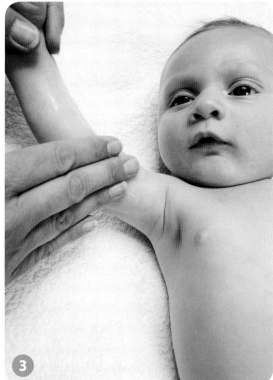

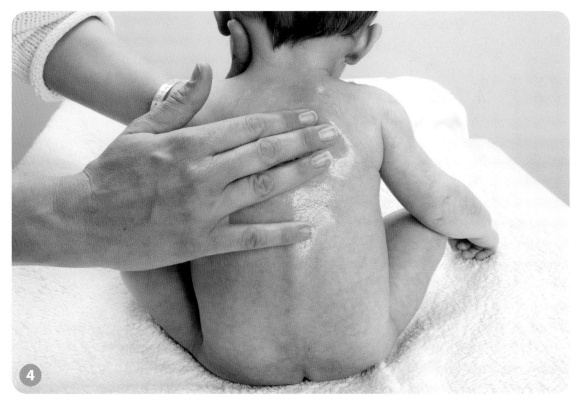

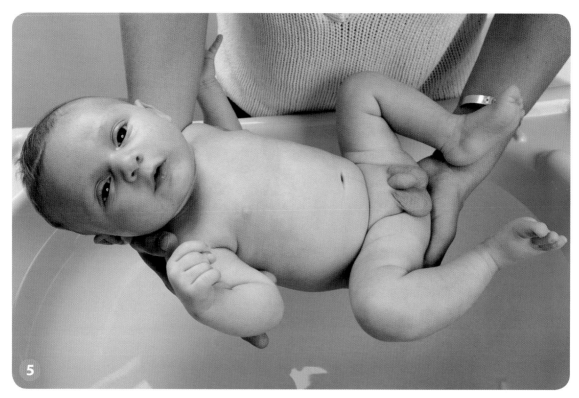

## ⑤ y ⑥ Aclarar

Sumerja delicadamente a su bebé en la bañera sosteniéndole la cabeza con un brazo (el que no esté utilizando: el izquierdo si es diestra o el derecho si es zurda) y sujétele firmemente por el hombro. Colóquele en el fondo de la bañera (sin sentarle ni tumbarle completamente) y, con la mano que tenga libre, aclárele. Asegúrese de que no quedan restos de jabón en los pliegues de la piel. Al aclararle la cabeza, hágalo suavemente, sin salpicarle. Háblele para tranquilizarle si parece tenso, y sáquelo rápidamente.

Si a su bebé parece gustarle el agua, puede dejarle chapotear un rato, pero nunca más de 5 o 10 minutos para evitar que se le seque la piel.

## El baño con total seguridad

● Atención: nunca se debe dejar a un bebé solo (incluso a un recién nacido, ni durante un breve espacio de tiempo) encima del cambiador. Prevea tener a mano todo lo que vaya a necesitar: algodón, jabón, toallas de baño, pañal, crema hidratante, ropa limpia.

● Procure no llenar demasiado la bañera; el bebé debe tener la cabeza muy por encima del agua.

● Si le baña en el lavabo o en una bañera grande, preste atención a los grifos para evitar que se dé un golpe (o utilice protectores para grifos).

## ⑦ Secar

Cuando saque al bebé del baño, envuélvale de la cabeza a los pies con una toalla (las toallas para bebés suelen tener capucha). Séquele frotándolo ligeramente, pero sin friccionar. Pase por todos los pequeños pliegues: del cuello, de la ingle... A continuación, puede darle un masaje (ver página 72) o vestirle (ver página 44).

7

## Elegir correctamente la bañera del bebé

El momento del baño es privilegiado para la mayoría de los bebés, pero para ello hay que elegir bien la bañera, sobre todo en función de **la instalación** de la que dispongamos en casa, para que mamá –y papá– no terminen cada baño con intensos dolores de espalda o de riñones. Además, como este ritual se repetirá muchísimas veces, es preferible elegir este material con atención. Los primeros días, lo más simple –y lo más económico– es utilizar **el lavabo** del cuarto de baño como bañera, si resulta lo suficientemente grande. Existen protectores acolchados para grifos, muy prácticos, para evitar que el pequeño se lastime (cuestan unos 20 €). Para los que no tengan mucho espacio y les guste lo que se guarda o se transporta fácilmente, podrán optar por **las bañeras hinchables**. Son las más prácticas, pero también las más frágiles (a partir de 25 €). **La bañera de plástico** duro dura más tiempo, es más sólida, puede colocarse encima de unos soportes durante los primeros meses y después dentro de la bañera familiar (a partir de 25 €). Finalmente, lo que está de moda actualmente es **la tumbona de baño**. Es de plástico o de espuma, y lleva ventosas, lo cual permite fijarla en el fondo de la bañera. Ocupa poco espacio y el bebé puede parecer más libre que en una bañera de plástico, pero también está menos seguro que en un entorno rígido, y está reservada a los bebés de más de un mes. Así pues, cuidado. Este objeto tan tentador también suele ser más caro (alrededor de 50€).

**No utilice...**
Esponjas, ya que son verdaderos nidos de microbios (limpie al bebé con sus manos).
Champú, que no resulta necesario durante algunos meses.
Bastoncillos para las orejas, porque favorecen la formación de tapones de cera en el fondo del oído.

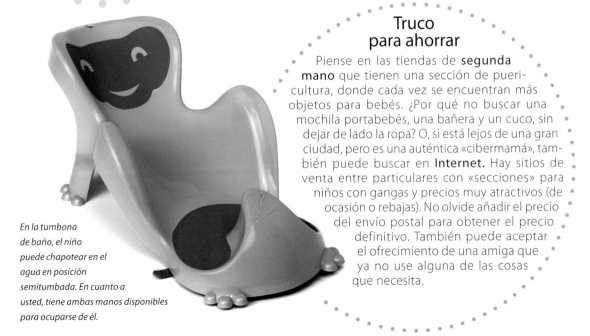

*En la tumbona de baño, el niño puede chapotear en el agua en posición semitumbada. En cuanto a usted, tiene ambas manos disponibles para ocuparse de él.*

## Truco para ahorrar

Piense en las tiendas de **segunda mano** que tienen una sección de puericultura, donde cada vez se encuentran más objetos para bebés. ¿Por qué no buscar una mochila portabebés, una bañera y un cuco, sin dejar de lado la ropa? O, si está lejos de una gran ciudad, pero es una auténtica «cibermamá», también puede buscar en **Internet**. Hay sitios de venta entre particulares con «secciones» para niños con gangas y precios muy atractivos (de ocasión o rebajas). No olvide añadir el precio del envío postal para obtener el precio definitivo. También puede aceptar el ofrecimiento de una amiga que ya no use alguna de las cosas que necesita.

## Cuidado con los ruidos del desagüe

Saque al bebé de la bañera antes de vaciar el agua. El ruido del desagüe y de las cañerías pueden asustar al recién nacido.

*En el cuarto de baño, el termómetro permite comprobar la temperatura para que el bebé no se enfríe. También puede utilizar uno sumergible.*

# A mi bebé no le gusta el baño...

No se preocupe, son cosas que pasan, a pesar de la idea muy extendida de que a los bebés les gusta el agua porque les recuerda el líquido amniótico. Si el suyo llora en cuanto lo pone en el agua, empiece calmándole con gestos suaves y con una voz tranquilizadora. Asegúrese de que no tiene frío. También puede probar otra postura: sentado, por ejemplo. Si no funciona, no prolongue su malestar más allá de lo necesario, y aclárele lo antes posible. Sepa que no es necesario bañar al recién nacido cada día, porque no se ensucia demasiado, excepto el trasero. Así pues, si le limpia las nalgas después de cada cambio, y si a su bebé no le gusta mucho el baño, puede bañarle día sí día no sin ningún inconveniente. Es posible que deba pasar cierto tiempo antes de que su bebé y usted se sientan cómodos y disfruten juntos del baño.

## No se le ha caído el cordón umbilical

Una inadecuada higiene del cordón puede provocar una infección umbilical (para conocer los cuidados necesarios, ver página 62), pero es posible bañar al bebé aunque el cordón no se le haya caído y durante el tiempo de cicatrización de la herida. Los riesgos de infección en el baño solo aparecen si el agua está sucia. Así pues, la única precaución imprescindible es vigilar que el agua esté perfectamente limpia. Recuerde secar bien esta zona y desinfectarla después.

## PSICOLOGÍA

## Un verdadero momento de intimidad

Durante el aseo, la relación afectiva es tan importante como las acciones prácticas. Se trata de una ocasión idónea para hablar al bebé, tocarle, acariciarle e intercambiar miradas. El bebé siente sus manos en su cuerpo, respira su olor... Este ritual del baño es ideal para hacer participar al papá, quien aportará a este intercambio tan íntimo su toque personal. Es una buena forma de implicarse en los cuidados diarios del bebé, así como de crear sólidos vínculos afectivos con el recién nacido. Tanto la madre como el padre deben permanecer especialmente atentos al lenguaje corporal del bebé. Cuanto más atentos estemos, mejor conoceremos los movimientos que le gustan. Si advierte cómo el bebé se pone rígido o se relaja, sabrá rápidamente cuándo está incómodo o cuándo le gusta lo que le hace.

# cambio de pañal

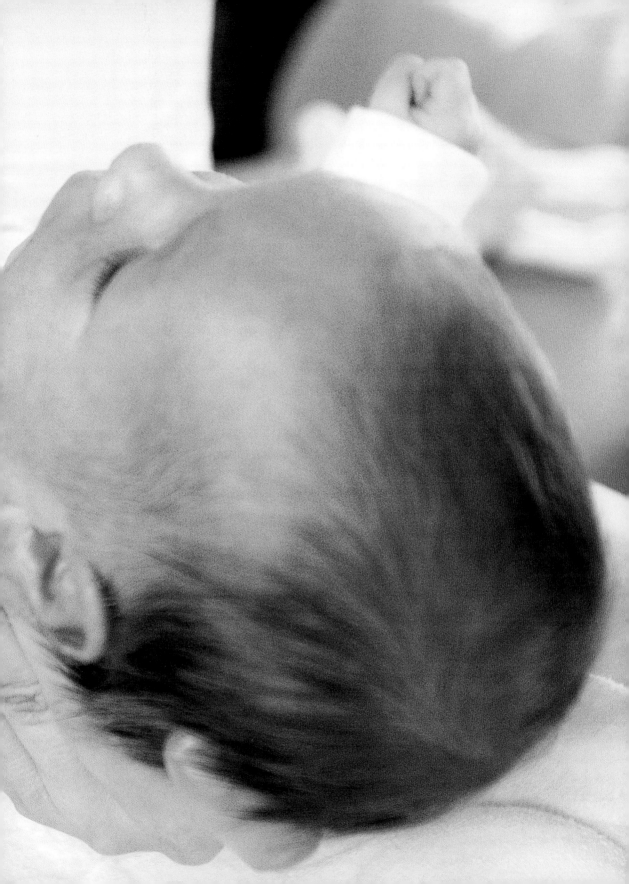

# Limpiar las nalgas y los genitales (niña)

El hecho de limpiar minuciosamente y secar bien garantiza una correcta higiene de las nalgas y de los genitales. Tras algunas sesiones, realizará estas acciones con total comodidad.

### ① Colocar al bebé

Coloque al bebé encima del cambiador o sobre un colchón (pero procurando ponerlo en una superficie plana para que permanezca estable) con una toalla limpia debajo. Organícese para tener todo lo que necesitará al alcance de la mano (pañales, algodón, jabón, ropa limpia si hace falta...) y no verse obligado a alejarse del bebé ni tan solo un instante. No es necesario desnudarle totalmente; es suficiente con quitarle la parte inferior del body (o del pijama) y echarla hacia arriba para que no se ensucie durante la operación.

### ② y ③ Ir de delante hacia atrás

Levante las piernas del bebé y sujételas con una mano. Con la otra, limpie bien todos los pliegues de los genitales con algodón, entre los labios, sin olvidar la parte superior de los muslos. Vaya siempre de delante hacia detrás (para evitar la transmisión de gérmenes a la vulva) estirando bien la piel. Termine con las nalgas y aclare después. Seque bien la piel sin frotar.

## ¿Qué productos utilizar?

Se recomienda encarecidamente utilizar agua y jabón (o un gel hipoalergénico) más que toallitas, porque contienen cremas a base de leche y, si se utilizan con frecuencia, pueden irritar la piel. No obstante, las toallitas son muy prácticas y puede utilizarlas de vez en cuando (cuando no esté en casa, por ejemplo).

Proteger las nalgas con una pomada no es imprescindible, tan solo si el bebé las tiene irritadas. Sobre todo, no le ponga talco, porque si se mezcla con la orina puede provocar irritaciones, sobre todo en los pliegues de las ingles. En este caso, solicite el consejo del pediatra o del farmacéutico. Le recomendarán una crema cicatrizante para eliminar la irritación.

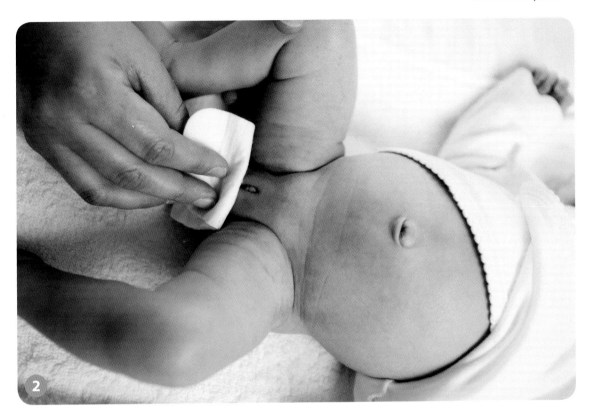

# Limpiar las nalgas y los genitales (niño)

El aseo de los genitales de los varones no requiere una destreza superior al de los genitales de las niñas. No dude en hacer participar al padre en el cambio de los pañales, ya que se trata de una forma de familiarizarle con el bebé.

### ① Limpiar los genitales

Antes de empezar, adopte el hábito de lavarse las manos. No desnude completamente al bebé, simplemente desabróchele la parte inferior del body (o del pijama). Si el bebé ha hecho caca, límpielo primero por encima con el mismo pañal; en caso contrario, límpiele los genitales con algodón y leche (o jabón suave). Levántele las piernas y sujételas con una mano para que no le molesten si el niño patalea. Con la otra mano, límpiele delicadamente el pene y los testículos con algodón, sin olvidar los pliegues de las ingles.

### ¿Hay que tirar hacia atrás la piel del pene?

Esta práctica (que consiste en tirar hacia atrás el prepucio, es decir, la piel que cubre el glande) antes se practicaba habitualmente. Actualmente, todos los especialistas lo desaconsejan. La piel del glande se irá tirando hacia atrás a medida que los genitales vayan desarrollándose y que el niño tenga erecciones. Así, ni los padres ni las madres deben tirar hacia atrás la piel del glande. Compruebe que los pañales estén húmedos para asegurarse de que el niño orina con frecuencia.

### Curar un eritema del pañal

Esta irritación es muy frecuente en los recién nacidos, porque la piel de las nalgas resulta muy frágil. Se produce principalmente debido a la agresión de la orina y de las heces. Para prevenir los eritemas, cambie el pañal con frecuencia (aunque solo haya orinado). Para reducir esta irritación, evite utilizar productos como leche, loción o toallitas, no apriete demasiado el pañal y compruebe que el causante no sea el pañal. También puede utilizar pañales de algodón hidrófilo. Si las nalgas están muy irritadas, puede aplicar una crema cicatrizante que se vende en farmacias. Deje al bebé con las nalgas al aire tanto como le sea posible. Si las lesiones supuran, es preferible consultar con el pediatra.

### ② Limpiar las nalgas

Termine por las nalgas, y, a continuación, aclare. Seque bien la piel, sin frotar, pero limpiando hasta los pliegues más pequeños. No se preocupe si el prepucio está hinchado y sale un líquido amarillento. No se trata de pus, sino de una secreción de la mucosa subyacente. Límpielo con una compresa y un producto antiséptico que no resulte irritante; desaparecerá en algunos días. Intente no dejar demasiado tiempo al bebé con las nalgas al aire, porque es bastante habitual que orine durante o al final del aseo, antes de ponerle el pañal. Mantenga siempre cerca una toalla, por si fuera necesaria.

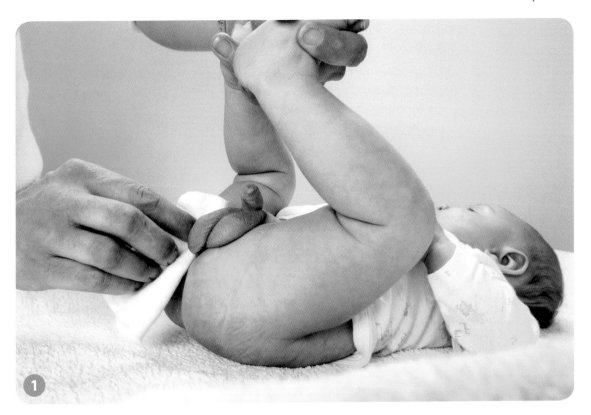

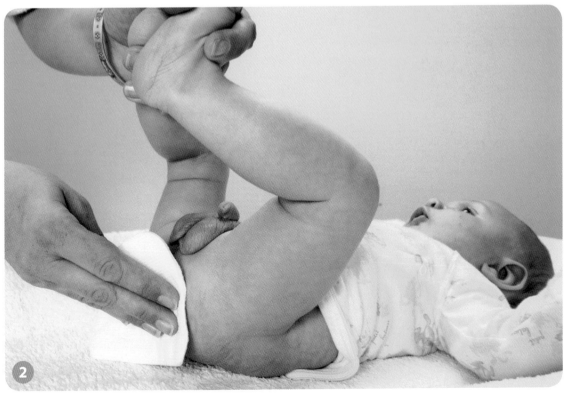

# Poner un pañal

Durante los seis primeros meses, deberá cambiar al bebé al menos seis veces al día, antes o después de cada toma, y siempre que defeque. De este modo evitará tanto los enrojecimientos como las irritaciones.

### ① Colocar el pañal

Coloque al bebé boca arriba, con las nalgas y los genitales limpios y completamente secos. Levántele las nalgas y deslice por debajo la parte del pañal en la que se encuentran los adhesivos. Sitúe al bebé en el centro del pañal. El pene deberá orientarse hacia abajo para evitar los escapes a nivel de la cintura.

### ② Doblar

Pase la parte sobrante del pañal entre las piernas del bebé. Las partes anterior y posterior del pañal deben llegar al mismo nivel, es decir, aproximadamente al nivel de la cintura. Si el cordón umbilical todavía no se le ha caído, doble el borde del pañal para dejarlo al descubierto.

### ③ y ④ Cerrar

Despegue la protección de las tiras autoadhesivas, estire la parte posterior del pañal y después fije bien las tiras adhesivas. Atención: no apriete demasiado el pañal para que el bebé no se sienta incómodo,

sobre todo mientras está sentado; tampoco debe quedar demasiado flojo (para evitar los escapes). En la mayoría de los modelos, las tiras autoadhesivas pueden despegarse y volverse a pegar, hecho que permite corregir los errores.

### Antes o después de las tomas

Usted decide, porque ambas opciones son posibles. Algunas mamás, reticentes a mover al bebé después de comer, prefieren cambiarle antes. Temen que regurgite parte de la comida y que la digestión resulte afectada. Otras esperan al final de la toma porque el bebé suele defecar durante las comidas (reflejo llamado «gastrocólico»). Es mejor que esté limpio antes de dormirse. Naturalmente, si el bebé ha defecado, el momento es indiferente. Cámbiele sin demora para que esté más cómodo, y no espere a que llore.

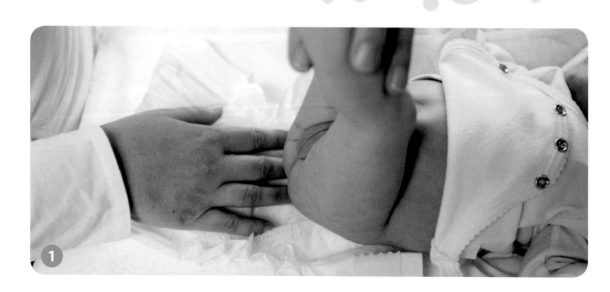

①

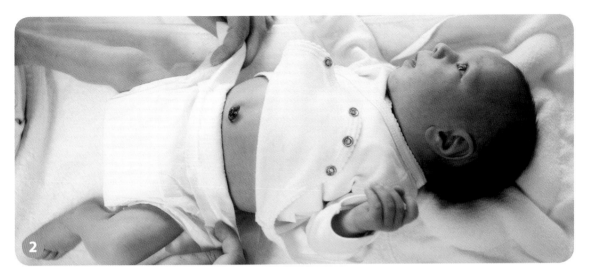

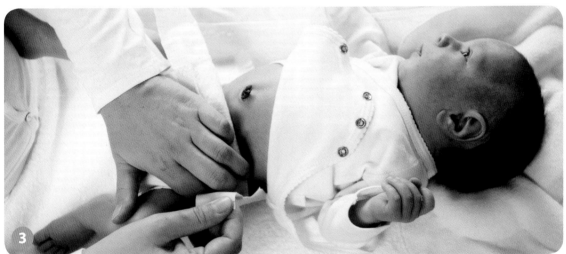

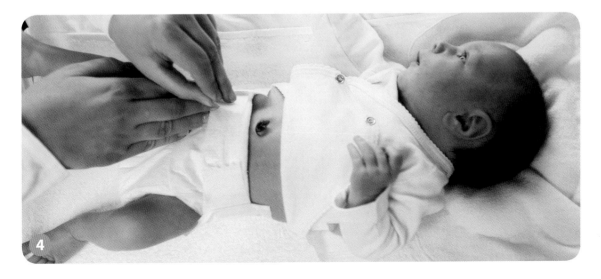

# ¿Pañales desechables o reutilizables?

Los **pañales desechables,** desde que existen, han tenido un formidable éxito entre las mamás por su lado práctico y representan la mayoría de pañales utilizados actualmente. Fáciles de poner y de quitar, se adaptan a la perfección al bebé y le permiten moverse. Además, tienen una adecuada capacidad de absorción, hecho que permite evitar los escapes. Pero los pañales de un solo uso no son biodegradables, y representan una parte importante de residuos. Además, su precio es considerable: se necesitan unos 5 000 pañales antes de que el niño aprenda a controlar los esfínteres. Desde que se tiene más en cuenta todo lo relacionado con el **medio ambiente,** se asiste al retorno (todavía muy modesto) de los **pañales reutilizables**. Estos nuevos pañales constan de tres partes:

- un pañal lavable: de tela, que es la parte absorbente del pañal;
- una braga protectora impermeable, que en algunos modelos está integrada en el pañal. La misma braga puede utilizarse varias veces seguidas (excepto si se moja);
- un velo desechable, que es una hoja de protección, para retener las heces y que se puede tirar directamente al inodoro o a la basura (para facilitar la limpieza).

El uso de pañales reutilizables resulta menos costoso que los pañales de un solo uso, aunque al principio es necesario invertir alrededor de 200 €. Puede ir acumulando los pañales antes de hacer la colada. Para ser totalmente ecológicos, recuerde utilizar un detergente biodegradable.

### Cubos de la basura especiales para pañales

Es un artículo tentador, pero hay que contar como mínimo con un gasto de 30 €, y los recambios son bastante caros (unos 10 € cada uno). Una bolsa de plástico es perfectamente válida. También puede tirar los pañales directamente al cubo de la basura.

### Material

Los **pañales desechables** se presentan de dos maneras: pañales simples y cambios completos (que envuelven las nalgas y se pegan con dos tiras adhesivas). Es mejor elegir los segundos, ya que son más cómodos para todo el mundo. Lo más importante es comprar los pañales que se correspondan con el peso de su hijo. Compruebe las **correspondencias** indicadas en el paquete (3-5 kg, 5-9 kg, 10-13 kg). Cada vez existen más marcas que optan por diferenciar entre «niña» y «niño». En este caso, la almohadilla absorbente se coloca más arriba para los niños y en el centro para las niñas. En cuanto a los de «día» y de «noche», lo que varía es el **poder de absorción,** aunque también es una cuestión de marca. Lo mejor sigue siendo probar varios tipos para conocer su eficacia... ¡y las preferencias del bebé!

*Para guardar los pañales, utilice cestas colocadas en un estante, ideales para ponerlas en el cuarto de baño o colgadas y que pueden ser grandes o pequeñas, de mimbre o de tela, decoradas o sin decorar.*

S A B E R

## Los «cólicos»

Si el bebé llora durante las tomas o en la media hora posterior, quizás se deba a un problema de subida de ácidos (reflujo gastroesofágico) y no a un problema de digestión. En cuanto a la intolerancia a la leche, no se manifiesta con una simple incomodidad digestiva, de modo que no sirve de nada cambiar constantemente de leche. Solicite consejo al pediatra.

## Dolores abdominales, ¿qué hacer?

Durante los dos primeros meses, la digestión puede provocar dolores abdominales al bebé. No suelen tener consecuencias, y en ocasiones se trata simplemente de estados de tensión unidos a fases de despertar agitado (cuando el bebé se retuerce como si le doliera algo) que le hacen llorar. Empiece comprobando que el pañal no esté demasiado sucio o demasiado apretado. Después, si el bebé no se calma en brazos, puede intentar darle un masaje suave en el abdomen, tranquilizándole con la voz, sobre todo si tiene gases (vientre duro e hinchado). A veces, basta con tenerle boca abajo, apoyado en uno de los brazos para calmarle.

## Diarreas, ¿cómo curarlas?

Estos dolores abdominales pueden ir acompañados de diarreas pasajeras. El peligro de la diarrea es la deshidratación, caracterizada por una pérdida de peso, que se manifiesta por un rechazo a beber o por vómitos, y sobre todo por un mal estado general (el niño está postrado, pálido, febril, con ojeras...). Para paliar este riesgo, en las farmacias se comercializan unas soluciones rehidratantes adaptadas para bebés que deben administrarse en pequeñas cantidades (20 ml) y cada 10 minutos. Si da el pecho a su bebé, déjele mamar tanto como quiera e intercale las tomas con la solución rehidratante. Nunca se es demasiado prudente, de modo que no dude en solicitar consejo y, ante cualquier duda, acuda al pediatra, ya que podría convertirse en una diarrea grave.

## Estreñimiento: los reflejos correctos

Durante las primeras semanas, si el bebé llora mientras defeca no significa que esté estreñido. Se trata simplemente del proceso del tránsito intestinal. En el caso de un estreñimiento aislado (el bebé no defeca en 2-3 días, aunque puede producirse en niños alimentados con pecho sin que estén estreñidos), prepare el biberón con agua que favorezca el tránsito intestinal. Si da el pecho a su hijo, beba la misma agua que él e ingiera más fruta y verdura. Si el estreñimiento persiste, si va acompañado de vómitos o si el bebé sufre al defecar, es mejor preguntar al pediatra y no administrar laxantes sin que él se lo indique.

## SALUD

## Heces: controlarlas sin estresarse

El aspecto de las heces va cambiando a lo largo del tiempo, y puede variar de un día a otro, hecho que resulta absolutamente normal:

- heces verde oscuro: primeras heces, o meconio, hasta el tercer día aproximadamente;
- heces granulosas, marrones o verdosas: heces de transición, a partir del tercer o del cuarto día;
- heces amarillo mostaza más o menos líquidas: heces normales de un niño que mama;
- heces ligeramente pastosas de color amarillo: heces de un niño alimentado con biberón.

En cambio, se deben vigilar los casos siguientes: heces frecuentes y líquidas (que pueden indicar diarrea), heces poco frecuentes y duras (signos de estreñimiento si el niño toma biberón), heces con manchas rojas (a veces debido a una fisura rectal o a una alergia a la leche).

# ropa

# Vestir al bebé

Para que vestir al bebé no sea un sufrimiento, opte por ropa fácil de poner y mantenga la calma si el bebé no se muestra demasiado cooperativo.

### ① y ② Pasar el body por la cabeza

Coloque al bebé en una superficie limpia y a su altura para estar cómoda. Ensanche al máximo el cuello del body (para los primeros días, puede escoger bodys que se cierran por delante y que no necesitan pasarse por la cabeza). Si puede, empiece colocándolo por la cara y levantándole al bebé ligeramente la cabeza.

### ③ Pasar las mangas

Introduzca la mano dentro de una manga e intente agarrar la del bebé cogiéndole todos los dedos. Estire la manga y haga lo mismo con el otro lado. Compruebe que el cuello no le quede demasiado apretado.

### ④ ⑤ y ⑥ Abrochar

Estire la parte anterior y posterior del body sin molestar al bebé. Después, abroche los cierres a presión (según los modelos: en la entrepierna ④ o al lado ⑤). Atención: el body no debe quedar demasiado apretado, sobre todo si el cordón umbilical todavía no ha cicatrizado.

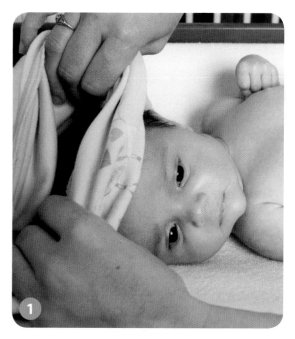

## Los mejores tejidos

Opte por tejidos suaves y no irritantes, como el algodón, la felpa o los materiales sintéticos, que no hacen bolas y no pican.

Puede ponerle lana al bebé, pero tenga cuidado con la lana de pelo largo: podría estirarla, arrancar algunos pelos y tragárselos. La prioridad debe ser la comodidad del bebé, que debe poder patalear a sus anchas. Tampoco debe tener ni demasiado frío ni demasiado calor (ver página 51).

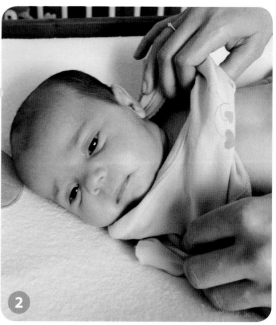

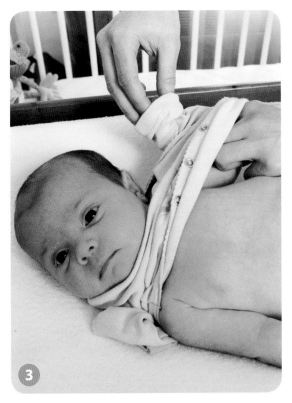

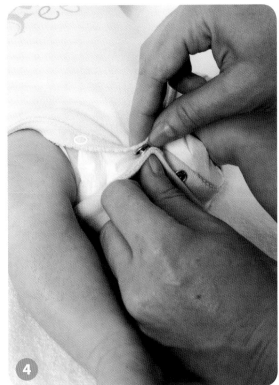

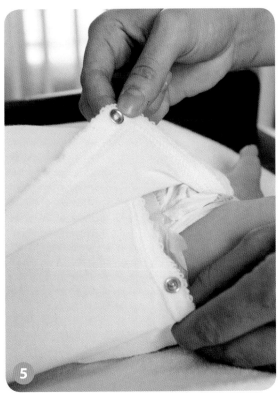

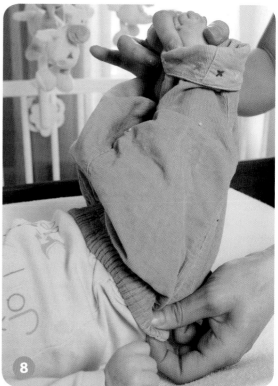

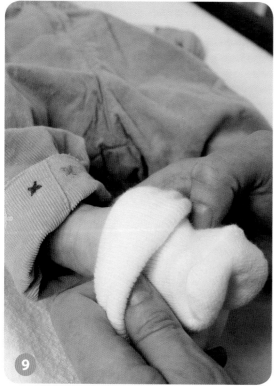

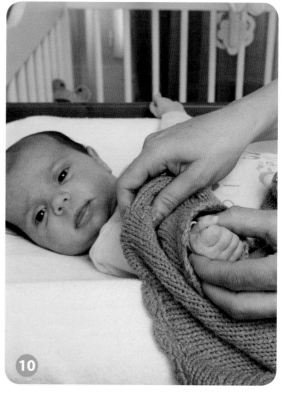

## ⑦ y ⑧ El pantalón

Ensanche la parte inferior del pantalón e introduzca una mano por el extremo. Tómele los dedos de los pies para pasar la pernera. Estire el pantalón y sujételo bastante arriba para que el bebé no se lo quite pataleando. Haga lo mismo con el otro lado. Sujete al niño por los pies y levántele el trasero para subirle el pantalón hasta la cintura.

## ⑨ Los calcetines

Abra bien los calcetines antes de ponérselos al bebé, y coloque todos los deditos en la punta (compruebe que no haya ningún hilo ni ninguna costura que pueda molestarle). Estírelo bien y súbalo por el tobillo y la pantorrilla.

## ⑩ y ⑪ La chaquetita

Colóquele una manga; para ello, pase primero los dedos, y estírela hasta el hombro. Pase la chaquetita por debajo del bebé; levántele ligeramente y sosténgale la cabeza. Pase la otra

manga procediendo del mismo modo que se ha indicado anteriormente. Abroche la chaqueta después de ajustársela bien.

### Cuidado de la ropa: los hábitos correctos

● Lave a máquina la ropa nueva del bebé antes de ponérsela por primera vez.

● Busque las etiquetas donde se encuentra la talla o los consejos de lavado y córtelas a ras (pero no olvide las instrucciones de lavado), porque su contacto podría irritar la piel del bebé.

● Acostúmbrese a emplear una cesta de ropa sucia especial para el bebé y evite mezclar su ropa con la del resto de la familia, ya que de este modo reducirá los riesgos de contagio. Por la misma razón, haga coladas exclusivamente con la ropa del bebé.

● Para lavar su ropa, utilice un detergente hipoalergénico. En cuanto a los suavizantes, es aconsejable prescindir de ellos, porque suelen causar alergias a los recién nacidos.

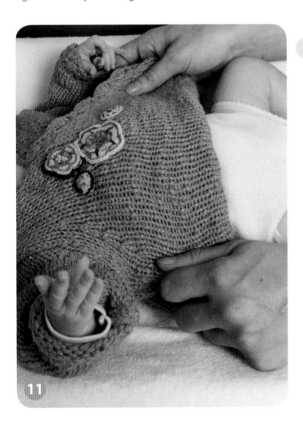

11

# Poner un pijama

Durante el primer mes, el bebé se sentirá más cómodo en pijama. Son fáciles de poner, y le permitirán vestir al recién nacido en dos tiempos y tres movimientos.

### ① y ② Pasar los pies

Sujete el pie del bebé con una mano y colóquele el pijama con la pernera recogida en la mano. Compruebe que los dedos quedan en el fondo del pijama. Entonces estire la pernera del pijama hasta el muslo. Proceda del mismo modo con el otro pie.

### ③ Pasar los brazos

Introduzca una de las manos en una manga. Abra la manga e intente agarrarle la mano cogiendo bien todos los dedos. Estire la manga del pijama hasta el hombro y compruebe que toda la mano queda fuera de la manga. Repita lo mismo con el otro lado.

### ④ Abrochar el pijama

Estire bien el pijama y ponga al bebé boca abajo con cuidado. Sujétele bien la cabeza y la nuca cuando lo manipule. Si el bebé todavía no levanta la cabeza (acción que realizará cuando tenga 1 mes), colóquesela de lado para que pueda respirar sin dificultad. Abroche los cierres a presión hasta arriba evitando pellizcarle la piel o pillarle el pelo. Ajuste bien el pijama para que no se arrugue, y procure que no le quede demasiado ajustado. A su bebé quizás no le guste estar boca abajo; háblele para tranquilizarle. Si comienza a llorar en cuanto le pone boca abajo, opte por pijamas que se abrochen por delante.

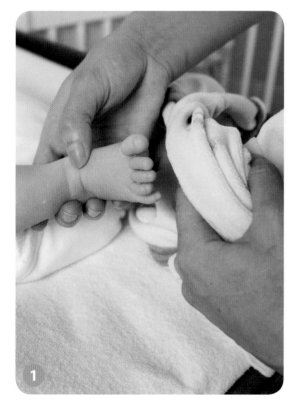

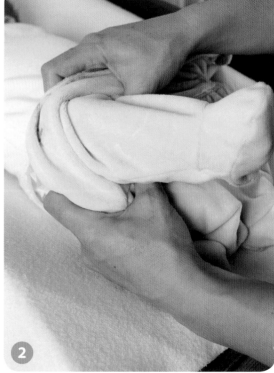

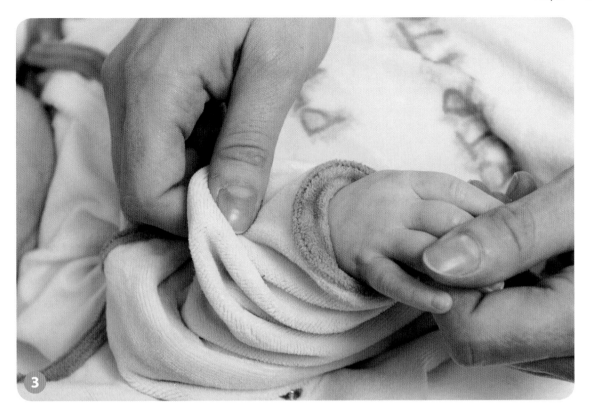

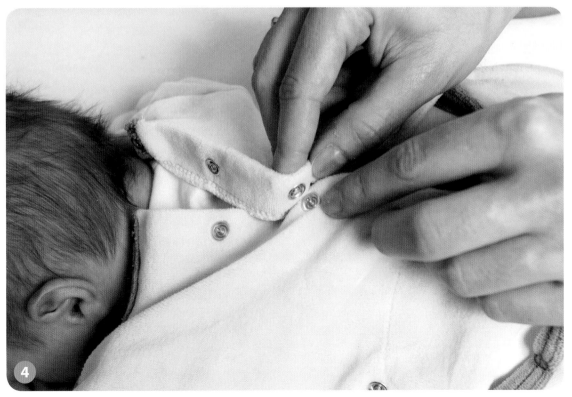

## La ropa del bebé

Ante todo, hay que elegir **ropa práctica** para el bebé. En los primeros meses, necesitará sobre todo **peleles** o **pijamas** en cantidad suficiente (unos ocho) porque el recién nacido se ensucia bastante a menudo. Se deben elegir **anchos y suaves,** de felpa o de algodón, y de fácil mantenimiento (evite el lavado a mano). Lo ideal es escogerlos con **cierres a presión** en la parte posterior o a lo largo de las piernas, lo cual facilita el cambio de pañal (sin tener que desnudarle por completo). Por otro lado, los primeros días (los primeros meses) evite, para su comodidad, todo lo que se ponga por la cabeza, porque no le gusta. Al recién nacido tampoco le gusta sentirse apretado, de modo que los cuellos y los puños deben ser anchos. También hay que pensar en la **ropa interior,** o **bodys** (al menos ocho, suelen venderse en lotes), y en los **calcetines** (de 6 a 8 pares).

Pero tenga cuidado a la hora de sacar al bebé de casa cuando el verano ha acabado. Es necesario abrigarle, ya que su capacidad de regulación térmica resulta insuficiente para permitirle adaptarse a las variaciones de temperatura, sobre todo si son bruscas: casa, parque, coche, tienda, coche, casa… Según la estación, prevea varias chaquetitas (2 o 4). Lo mejor para las salidas es vestir al niño por «**capas**» (body + pelele + chaquetita, etc…) en función del tiempo y sacar, o volver a poner, una capa en función de la situación. Finalmente, no olvide **abrigar** todo «lo que quede fuera»: la cabeza con un **gorro** (atado debajo de la barbilla, para que no se lo quite), los pies con **calcetines,** las manos con **manoplas** (elíjalas unidas con un cordón, porque las podrá pasar por las mangas y no las perderá en las salidas).

### ¡Demasiado grandes!

Es útil saber que la mayoría de bebés al nacer son demasiado grandes para caber en la ropa de talla 0. ¡Pase la información a los futuros padres y a sus amigos!

### Truco para ahorrar

Los bebés crecen con tanta rapidez que la ropa se debe renovar a menudo. Si no le molesta la idea de que la ropa ya haya sido utilizada, piense en las tiendas de segunda mano, porque muchas tienen productos de canastilla que permiten comprar a menor precio y renovar con mayor frecuencia… así como **revender** lo que le ha quedado pequeño. Para los padres que viven lejos de una gran ciudad o los internautas, también existe la posibilidad de comprar a través de la red. Se puede ver lo que hay **on line,** comparar, hacer pedidos y recibir la ropa sin tener que recorrer las tiendas. También se pueden encontrar otros accesorios de puericultura (ver página 30).

## ¿Y para los piececitos?

Excepto si hace mucho calor, los pies deben estar protegidos. En casa, no hace falta ponerle calcetines si lleva un pelele o un pijama, pero en invierno póngale encima un par de calcetines o de peúcos. Como con la ropa, deben ser un poco anchos para que no esté incómodo.

## ¿Qué talla comprar?

Como el niño necesita estar cómodo para patalear, la regla general es comprar ropa un poco ancha antes que un poco justa. A modo de información, he aquí un pequeño recordatorio de las correspondencias.

| Talla del bebé | Edad |
|---|---|
| 48 a 56 cm | 1 mes |
| 57 a 65 cm | 3 meses |
| 66 a 72 cm | 6 meses |
| 73 a 77 cm | 12 meses |
| 78 a 81 cm | 18 meses |

No compre demasiada ropa con anterioridad (sobre todo los primeros meses), porque los recién nacidos crecen con gran rapidez, pero también porque recibirá muchos regalos. Espere y vea qué es lo que realmente necesita.

## Cómo saber si el bebé tiene frío o calor

Tocar las manos del bebé para saber si tiene frío o calor no es el mejor método, porque es normal que las manos y los pies estén ligeramente más fríos que el resto del cuerpo. Es preferible tocarle los antebrazos o, aún mejor, la nuca, para tener una idea más precisa de la temperatura corporal, sin tener que recurrir al termómetro. Y no olvide que si un bebé es muy sensible a las variaciones térmicas y al frío, también lo es al calor. En casa, no debe abrigarle demasiado y, en cuanto haga calor, destápele y déjele en body o incluso en pañal. En cambio, al salir, protéjale el cuerpo con ropa ligera y la cabeza con un gorro de algodón, aunque el niño esté debajo de una sombrilla o si le pasea a la sombra.

*Los bebés siempre deben llevar algo en la cabeza para salir. De otoño a primavera, un gorro para no tener frío y en verano un sombrero para protegerle del sol.*

# sueño

> Acostar al bebé PÁGINA **54**

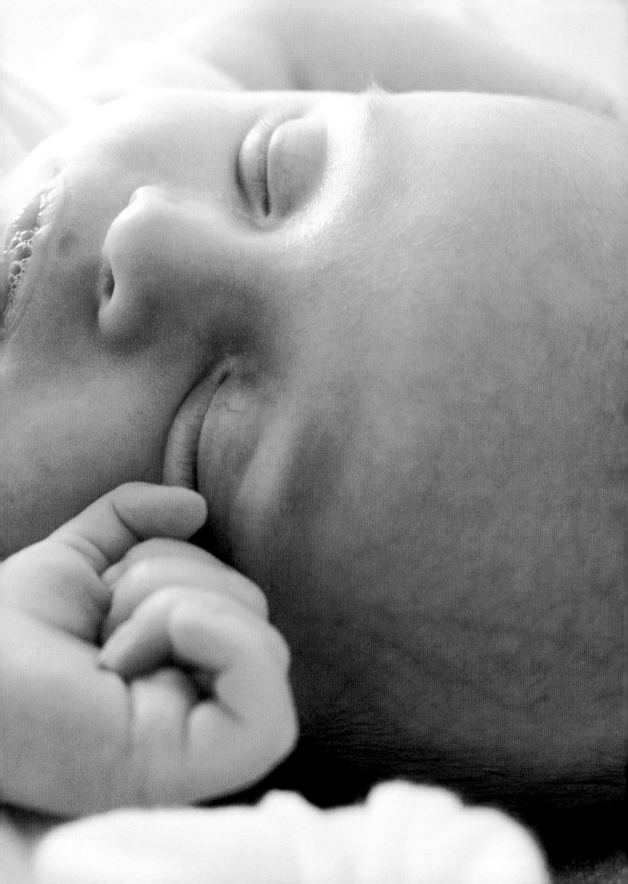

# Acostar al bebé

Los bebés duermen mucho, pero pasará algún tiempo antes de que pueda dormir una noche completa sin despertarse. Así pues, ármese de paciencia y siga los siguientes consejos para pasar unas noches más dulces...

## ① Sujetar bien al bebé

Para poner al bebé en su cuna, colóquele una mano debajo de la cabeza y en la parte superior de la espalda y la otra debajo de las nalgas, porque necesita sentirse sostenido por sus brazos para sentirse tranquilo. Colóquelo suavemente y después retire las manos. En un primer momento, los bebés suelen dormirse justo después de las tomas, acurrucados contra usted. Pero si le acuesta cuando todavía no está dormido, hágale un mimo y susúrrele algunas palabras tranquilizadoras. Este ritual no debe durar mucho tiempo, pero procure respetarlo siempre.

## ② La postura correcta

Coloque a su bebé boca arriba, sin edredón, ni manta, ni almohada (ver página 59). Compruebe que pueda respirar con facilidad y, si es necesario, límpiele la nariz. Procure evitar que ponga siempre la cabeza del mismo lado, para evitar una deformación del cráneo (plagiocefalia).

### ¿Y si el bebé llora?

Durante los dos primeros meses, no dude en coger al bebé en brazos para calmarle, mientras le susurra palabras dulces si le cuesta dormirse. Si el bebé está despierto y tranquilo, pero supera este momento y pasa a estar despierto y agitado le costará dormirse sin llorar, en cuyo caso no debe cogerle en brazos. Pero atención: cuando duermen, los recién nacidos se mueven mucho, hacen muecas, tienen la respiración irregular (suelen hacer pausas), a veces tienen los ojos abiertos y, además, emiten pequeños ruiditos. Todas estas manifestaciones son características de la fase de sueño agitado. Contrariamente a lo que piensa, si su bebé está en este estado, está durmiendo y no se le debe despertar, porque podría alterarle el ciclo del sueño y le costaría volver a dormirse.

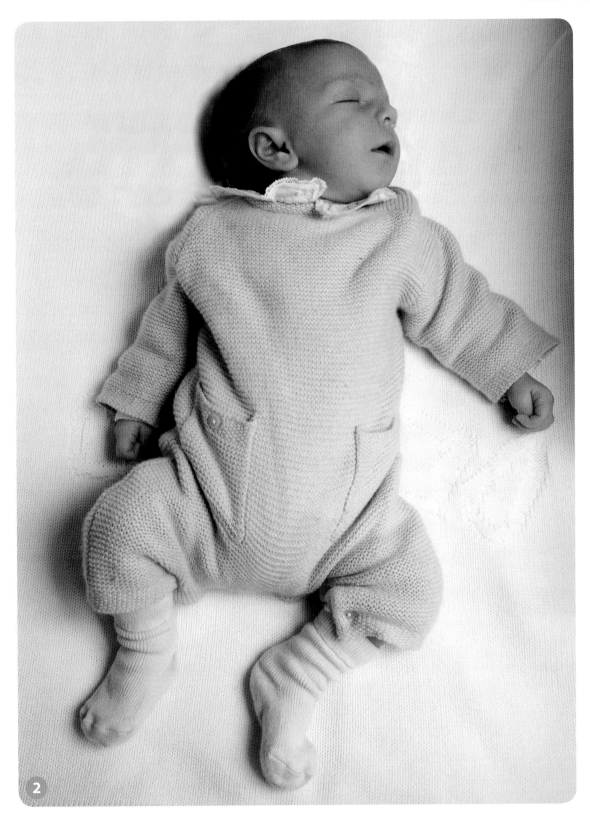

### ③ y ④ Vestimenta adecuada

Durante el día, no hace falta cambiar de ropa al bebé para dormir, ya que evitará despertarle si está dormido en sus brazos. Pero a partir del segundo mes, póngale el pijama antes de acostarle (ver página 48), lo cual formará parte del ritual de dormir. Las sábanas y las mantas siguen estando prohibidas. Por otro lado, si hace calor, puede dormir en body (ver página 44). En invierno, póngale un saco para dormir.

## ¿El bebé debe dormir en la oscuridad?

De noche, sí, pero de día no es necesario hacerle dormir a oscuras. Este cambio, a la larga, ayudará al bebé a diferenciar el día y la noche. Por la noche, corra las cortinas o cierre las persianas y apague la luz. Intente también acostarle más o menos a la misma hora a partir del tercer mes. Durante la toma de la noche, encienda una luz suave y tenue. No es necesario encenderle una lamparilla mientras se duerme.

**3**

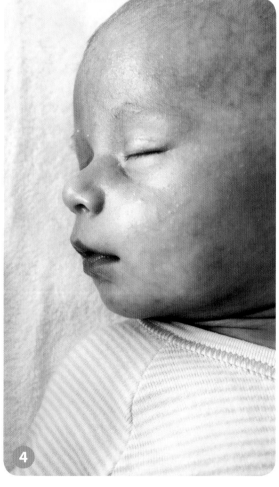

**4**

## ⑤ Con gemelos

Si tiene gemelos, lo mejor es que duerman en cunas separadas porque cada uno tendrá su propio ritmo de sueño. Sin embargo, si no consiguen calmarse cuando les acuesta, puede intentar ponerles juntos. Asimismo, esta solución puede ser práctica si está fuera de casa o si tiene poco espacio, pero, tras tres o cuatro meses, tenga en cuenta que deberá tener una cuna para cada uno.

## ¿Y el colecho?

El colecho consiste en dejar dormir al bebé en la cama de los padres. Esta práctica, poco extendida en España, es habitual en Estados Unidos. Evita que la mamá tenga que levantarse para las tomas de la noche y permite mantener al bebé en un entorno tranquilizador. El colecho, sin embargo, entraña algunos riesgos para el bebé; por ejemplo, aumenta el de muerte súbita por aplastamiento o ahogo. En general, los recién nacidos permanecen en la habitación de los padres en los primeros meses de vida, hasta que duermen la noche entera.

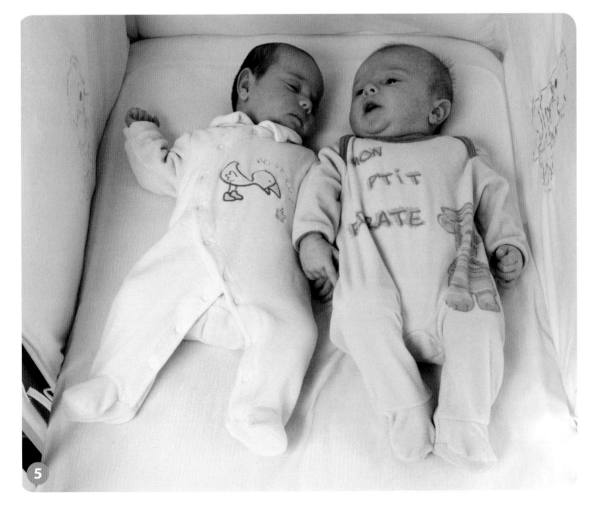

5

# Los bebés son grandes dormilones

He aquí un resumen del **tiempo medio de sueño** por edades: La primera semana entre 20 y 23 horas al día; el primer mes entre 17 y 20 horas al día; hacia el tercer mes entre 15 y 18 horas al día, y hacia los seis meses entre 14 y 16 horas al día. Estos datos son indicativos; no se sorprenda ni se preocupe si su bebé duerme menos (o más). Como en los adultos, el sueño de los bebés consta de una alternancia de sueño **«profundo»** y de sueño **«paradójico»,** aunque la frecuencia y la duración de estos ciclos sean diferentes en la edad adulta. Durante el sueño agitado, el bebé puede dar patadas, sonreír, contraerse, dar pequeños gritos y entornar los ojos; es el momento del registro de las actividades de vigilia para memorizarlas, y también durante esta fase se produce el **desarrollo neuronal.** Durante el sueño profundo, en cambio, el bebé está muy tranquilo, respira lentamente y parece dormir profundamente. Es la fase de **recuperación física** y de producción de la **hormona del crecimiento.** Entre ambos ciclos, el niño puede despertarse, y el problema es que no siempre puede volver a dormirse solo. El «verdadero» sueño no tiene realmente lugar hasta los 2 años, aunque al cabo de algunas semanas (variable según cada persona) empieza a instaurarse el **ciclo día-noche.** Hasta entonces, despertarse, tener dificultades para volver a dormirse y, por consiguiente, llorar es totalmente normal. Tranquilícese, ya que a partir del tercer mes la situación suele mejorar. Finalmente, el bebé también experimenta momentos de **somnolencia** (cuando se despierta, por ejemplo), momentos en que tiene los párpados casi cerrados, la mirada perdida y hace gestos muy extraños. Esto también es completamente normal.

### Encontrar el ritmo

Durante el día, intente seguir el mismo ritmo de las actividades (por ejemplo, comida, baño, vestir, descanso, salida...). De este modo ayudará al bebé a diferenciar entre el día y la noche y favorecerá el sueño nocturno. Esta regularidad le tranquilizará, le hará sentirse seguro y le acercará al ritmo de los padres.

### Material

La tradicional **cuna de barrotes** tiene la ventaja de durar hasta los 2 o 3 años del niño (a partir de 150 €).Compruebe que los laterales con barrotes tengan una altura mínima de 60 cm y que el espacio entre dos barrotes (de 4,5 a 6,5 cm como máximo) no permite en ningún caso que el niño pueda pasar la cabeza. Si no le apetece esta cuna tan «grande» para acostar a un recién nacido que parece perderse con tanto espacio, opte entonces durante las primeras semanas por un **cuco** (hasta 3 meses). Se encuentran a partir de 60 € (100 € para una cuna-cuco de viaje). Eso, ¡a menos que herede la **cuna familiar!** Por qué no... En cualquier caso, compruebe que el sitio que elija como cama del bebé tenga una base plana y dura, y que el colchón tenga estrictamente las mismas medidas que la base. Si tiene ruedas (cuna, cama) deben llevar un sistema de **seguridad;** en el caso del cuco, las asas deben ser rígidas y tener un diámetro de 30 cm como mínimo para poder manipularlas fácilmente. También debe colocar un **cubrecolchón plastificado** y **sábanas ajustables** que se adapten perfectamente al colchón.

## Cuidado

No administre nunca calmantes ni somníferos al bebé para ayudarle a dormir. Estos medicamentos no son adecuados para los niños y están absolutamente prohibidos.

## ¿Se pueden utilizar almohadas en la cuna?

Las almohadas no deben utilizarse jamás, al menos hasta que el niño haya cumplido un año. Esto se debe, por una parte, a que el bebé debe dormir plano, sin deformarse la columna vertebral, pero, sobre todo, por razones de seguridad, ya que podría quedar debajo y asfixiarse. Asimismo, las fundas nórdicas, los edredones y las mantas deben evitarse.

## ¿Hay que despertar al bebé para darle de comer?

En ocasiones sí, porque algunos niños duermen tanto que se «olvidan» de las tomas. Si esto ocurre a menudo, el bebé no estará lo suficientemente alimentado y no engordará. Así pues, hay que saber despertar al dormilón. He aquí algunos trucos: observe al bebé y aproveche una fase de sueño «agitado»; intente destaparle (a veces es suficiente) o ponga al niño de pie o sentado ligeramente en la cuna; es muy posible que abra los ojos espontáneamente. También puede hablarle, acariciarle, etc. para mantenerle despierto.

## ¿Qué se puede hacer para evitar la muerte súbita del lactante?

Aunque la frecuencia de la muerte súbita del lactante ha disminuido mucho gracias a las medidas preventivas, es la primera causa de mortalidad de los niños de 1 mes a 1 año. El riesgo se sitúa entre los 3 y los 6 meses y, casi siempre, se produce durante el sueño. Se han formulado varias hipótesis para explicar la muerte súbita del lactante: apnea (parada respiratoria), afección neurológica, problemas genéticos e incluso algunas infecciones respiratorias, pero la mayoría de las veces el fallecimiento no tiene ninguna explicación. Para poner toda la suerte de su lado, he aquí algunas medidas simples: acueste al bebé boca arriba y en un colchón firme (boca abajo y en un colchón blando podría asfixiarse). Despréndase de mantas y de almohadas y no tape demasiado al bebé por la noche. Y, naturalmente, no fume nunca cerca de él (ni en casa ni en el coche) y trátele correctamente los resfriados (ver página 67). El hecho de dormir con el bebé aumenta el riesgo, mientras que disminuye cuando el bebé está en la habitación de los padres.

## PSICOLOGÍA

### Rituales para ir a la cama

Con dos meses, los bebés empiezan a distinguir los cambios de ritmo que marcan el día y la noche de su entorno. Así, puede empezar progresivamente a establecer los rituales para acostarse. La «noche» del bebé empieza porque advierte mayor tranquilidad en la casa. Para acentuar esta sensación, encienda una lamparilla cerca de su cuna. Después de haberle dado la última toma del día y cambiado, póngale el pijama y acuéstele tras cerrar las cortinas. Es el momento idóneo para hacerle mimos y caricias, pero no le hable mucho si quiere que se duerma. En cambio, una mano colocada suavemente encima de él o una nana tarareada en voz baja facilitarán el sueño. Finalmente, el bebé encontrará también calma y comodidad en sus objetos familiares, como sonajeros, peluches y otros objetos preferidos.

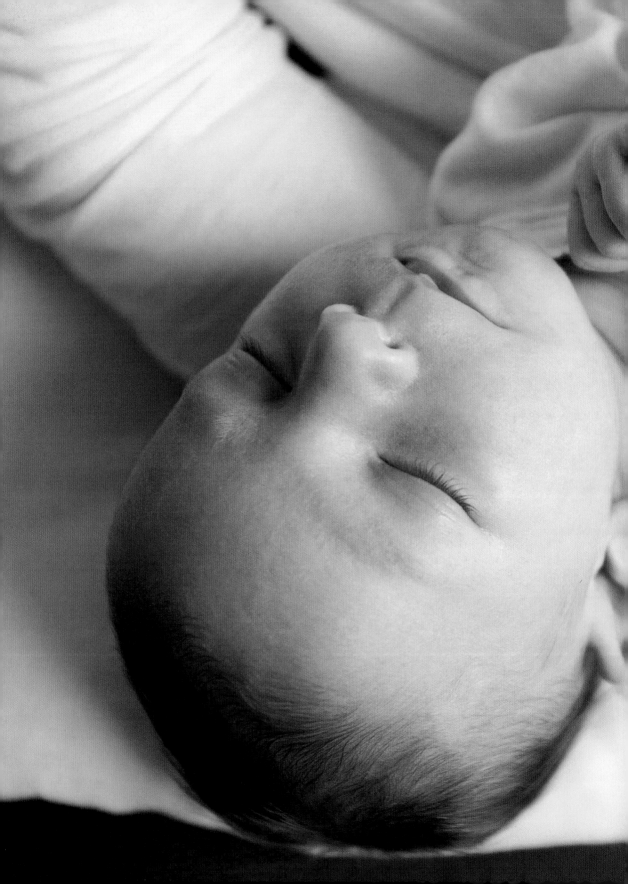

# pequeños
# cuidados sanitarios

# Cuidado del cordón

Cuando el bebé nace, el cordón umbilical se corta a pocos centímetros del cuerpo. El pequeño trozo restante se seca y cae espontáneamente antes del décimo día.

## Atención

Si el pequeño trozo de cordón umbilical no ha caído por sí solo después de unos quince días, es preferible consultar al pediatra (del mismo modo que si supura, enrojece, desprende un olor desagradable o si aparece una protuberancia encima). Después de la caída del cordón, a veces permanece una pequeña hernia que hace que el ombligo sobresalga. Sobre todo, no intente reducirla comprimiendo el ombligo del bebé; tiene muchas posibilidades de ir desapareciendo progresivamente. Cuando el cordón empiece a soltarse, deje que caiga solo, sin tirar de él.

## ① Desinfectar el ombligo

Con un bastoncillo para las orejas o una compresa, aplique un producto desinfectante (como alcohol al 60 %), y empiece por limpiar la zona adyacente. Después, cambie el bastoncillo o la compresa y limpie el extremo del cordón. Repita la operación hasta que la compresa no muestre ningún resto de suciedad. No tema hacer daño al bebé, porque no nota nada. Esta cura debe hacerse cada día hasta la caída del cordón.

## ② Dejarlo destapado

Hasta hace poco tiempo, se recomendaba tapar el ombligo con una compresa seca y estéril. Actualmente, se aconseja destaparlo para facilitar su cicatrización. Doble el pañal para que no lo cubra; de este modo evitará que el ombligo esté en contacto con la orina.

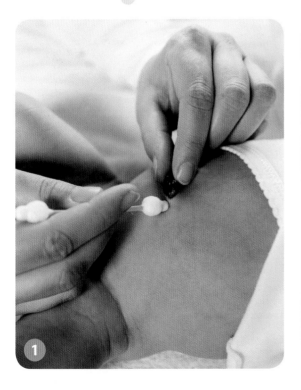

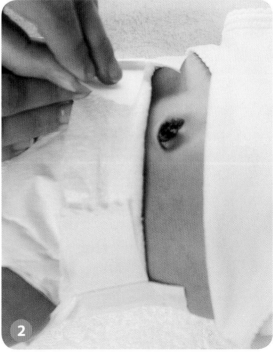

# Administrar un medicamento

Existen varias formas de administrar un medicamento a los bebés en forma de solución bebible: con una pipeta, una cuchara graduada o un biberón para medicamentos. Independientemente del método utilizado, debe tomar en todos los casos dos precauciones: no automedicar al bebé y respetar la dosis prescrita.

## Poner un supositorio

No resulta fácil, ni para usted ni para el bebé, por lo que es importante hablarle y actuar con suavidad. Para que el supositorio sea más fácil de poner, colóquelo previamente en un sitio fresco (en la parte inferior del frigorífico). Tumbe al bebé boca arriba, dóblele las piernas y manténgale en esta postura sujetándole los tobillos. Puede untar el extremo con un lubricante. Introduzca lentamente el supositorio y vaya juntando suavemente las nalgas para que no lo expulse. Lea atentamente las instrucciones para asegurarse de que introduce el supositorio en el sentido correcto.

## Con pipeta

Tumbe al bebé encima del cambiador o en otra superficie. Rellene la pipeta graduada; para ello, introdúzcala directamente en la botella que contenga la solución bebible. No supere la dosis indicada. Ponga la pipeta en la boca del bebé sin introducirla demasiado, ya que podría inducirle el vómito. Apriete suavemente el émbolo. El bebé tiene el reflejo de succionar, y normalmente expulsa un poco de producto al salivar, de modo que proceda lentamente. Aclare la pipeta antes de guardarla, puesto que los medicamentos suelen llevar azúcar.

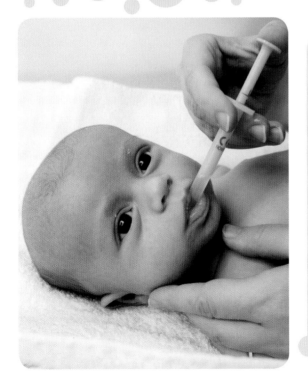

## Leer un prospecto

Aunque el medicamento se lo haya recetado un médico, es imprescindible leer el prospecto y prestar especial atención a los siguientes términos:

**Posología:** dosis diaria que debe administrar al bebé en un periodo determinado (indicado por el médico). Si el farmacéutico no lo ha hecho antes, escriba la posología en la caja, porque la letra del médico no siempre resulta legible.

**Contraindicaciones:** circunstancias por las cuales el medicamento no debe administrarse.

**Conservación:** siempre aparece indicado el modo de conservación (protegerlo del calor, de la luz, de la humedad, conservar en un lugar fresco), que es necesario respetar para que el medicamento resulte efectivo.

**Fecha de caducidad:** fecha a partir de la cual el medicamento está caducado. Se debe controlar por razones de seguridad y nunca se debe sobrepasar.

**Efectos secundarios:** efectos indeseables; los más frecuentes son las alergias a los antibióticos.

# Tomar la temperatura

Es inútil tomar sistemáticamente la temperatura a un recién nacido, pero es imperativo controlarla en caso de duda si parece tener demasiado calor o demasiado frío o si su comportamiento le intriga.

### ① Con un termómetro electrónico

Limpie el termómetro con algodón y un producto desinfectante (alcohol al 60 %, por ejemplo). Unte el extremo con un lubricante (vaselina). Encienda el termómetro y compruebe que el cero aparece de forma clara. Sujete los pies del bebé, dóblele las piernas con cuidado y manténgalas hacia delante para evitar que se mueva. Después, póngale delicadamente el termómetro y háblele. En cuanto oiga el pitido («bip») saque el termómetro y verá la temperatura en la pantalla (ver también página 30).

### ② Con un termómetro de infrarrojos

Encienda el termómetro y compruebe que marca 0 ºC. Páselo algunos minutos por la frente del bebé, sin tocarlo. Es un método bastante práctico, porque puede tomar la temperatura sin despertar al bebé. Además, la temperatura que aparece es la del bebé.

## Algunos consejos

● Para saber si el bebé tiene fiebre, no le toque la frente ni las manos. Lo más eficaz es tomarle la temperatura.

● No utilice termómetros de mercurio, prohibidos por el parlamento europeo en 2007.

● Reserve un termómetro únicamente para el bebé, que no sea el de los otros miembros de la familia.

● Limpie el extremo del termómetro con algodón y un producto antiséptico antes y después de cada uso.

● Tome la temperatura del bebé cada vez que tenga un comportamiento poco habitual o si presenta síntomas como resfriado, diarrea, etc.

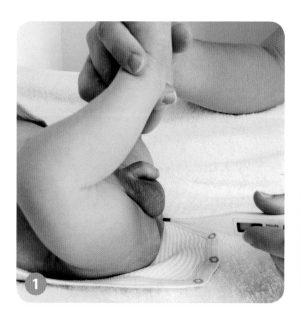

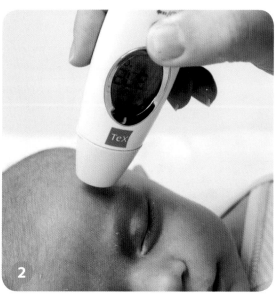

# Poner gotas en los oídos

Para poner gotas en los oídos, es mejor que el bebé esté tumbado. Intente también estar usted cómoda y no inclinarse demasiado.

### ① Calentar el producto

Siempre que vaya a realizar una cura al bebé, lávese las manos y tenga cerca todo lo que vaya a necesitar. Tome el producto y caliéntelo sosteniéndolo algunos instantes entre las manos o poniéndolo debajo de agua caliente. Así será menos desagradable para el pequeño.

### ② Poner las gotas

Tumbe al bebé y gírele la cabeza hacia la izquierda (para el oído derecho); sujétele la sien con firmeza. Coloque el extremo del gotero en la entrada de

la oreja, pero sin introducirlo demasiado, y deje caer el producto respetando el número de gotas prescrito. Manténgalo así algunos instantes, el tiempo necesario para que el líquido penetre bien en el orificio. Si es necesario, seque el pabellón auricular con algodón o con una compresa. Proceda del mismo modo con el otro oído.

Tenga en cuenta que las gotas para los oídos caducan con gran rapidez una vez que el envase se ha abierto (compruébelo antes de volver a utilizar un frasco ya empezado).

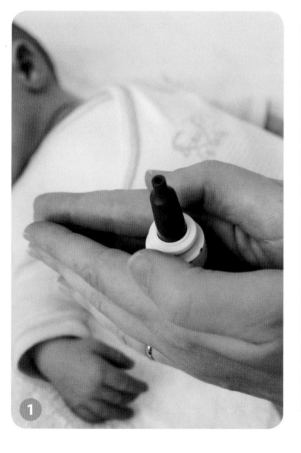

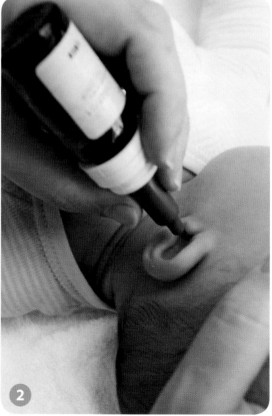

# Poner gotas en los ojos

La conjuntivitis (inflamación de la mucosa que cubre el interior de los párpados y la parte blanca del ojo) es frecuente en los bebés más pequeños. Suele tratarse de un trastorno benigno que se curará con un colirio o una pomada prescritos por el médico.

### ① Limpiar los ojos

Antes de poner el colirio (o la pomada), se deben limpiar los ojos con una compresa y suero fisiológico (ver página 22).

### ② Instilar el colirio

Sostenga la cabeza del bebé con una mano y gíresela ligeramente del lado opuesto al ojo que va a tratar. Con el pulgar y el índice de la misma mano, sepárele los párpados superior e inferior. Coloque el producto en el ángulo interno de la comisura del ojo. Procure que el extremo del gotero o de la dosis no esté en contacto con el ojo del bebé para no hacerle daño, pero también para no contaminar

el frasco. Proceda del mismo modo con el otro ojo. Seque las pequeñas lágrimas que puedan caer con una compresa estéril.

### Conservar el colirio

Si utiliza colirio en dosis individuales, deseche la dosis después de su uso. Si utiliza un frasco de colirio, puede conservarlo como máximo treinta días, en su envase original y a una temperatura inferior a 25 ºC.

1

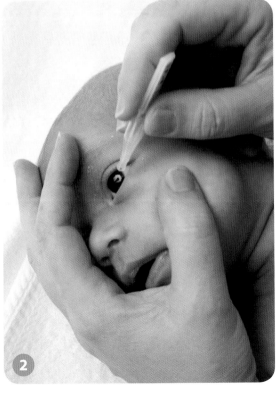

2

# Utilizar un aspirador nasal

Si el bebé está resfriado, limpiarle la nariz no bastará para sonarle y en ocasiones deberá recurrir a un aspirador nasal para extraer la mucosidad. Los bebés respiran esencialmente por la nariz, de modo que se tiene que despejar antes de comer o de dormir.

### ① Limpiar la nariz

Limpie primero cada orificio nasal con suero fisiológico y algodón (ver página 22) o instilándolo con un pulverizador sin introducirlo demasiado; colóquelo cerca del orificio nasal.

### ② Utilizar el aspirador nasal

Tumbe al bebé y póngale la cabeza de lado, sujetándosela. El aspirador nasal está constituido por una boquilla desechable, unida a un tubo que, a su vez, está conectado a una contera bucal. Coloque la boquilla en la entrada del orificio nasal, sin introducirla demasiado, y aspire. Haga lo mismo con el otro lado. Deseche el recambio utilizado.

## Para prevenir los resfriados

● Recuerde ventilar con frecuencia la habitación del bebé, incluso en invierno.

● Controle la humedad de la habitación. Puede utilizar un humidificador o una simple cacerola llena de agua caliente (encima del radiador).

● Evite llevar al bebé en los transportes públicos o a lugares muy frecuentados, en los que puede existir mayor propagación de virus.

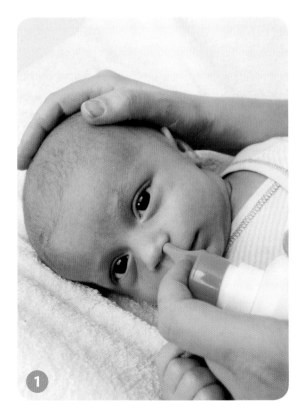
1

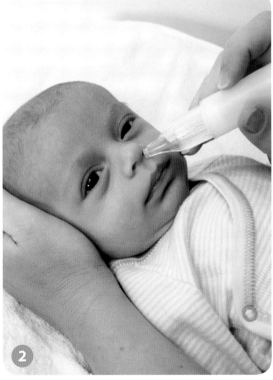
2

# Cómo tomar la temperatura

El termómetro que tiene en el botiquín (si es electrónico) es válido. En cambio, debe evitar los termómetros «antiguos» de mercurio, ya que su uso es peligroso y resultan contaminantes. Una directiva del parlamento europeo los prohibió en 2007. Los termómetros que se utilizan **en el oído** son muy «profesionales» (muy precisos y casi instantáneos), pero son caros y al bebé puede no gustarle especialmente que le introduzcan algo en el oído. La medición de la temperatura **rectal** se considera la más fiable, pero para el bebé no es necesariamente la más práctica. Sin embargo, si es su método preferido, unte el extremo del termómetro con un poco de lubricante antes de tomar la temperatura. También puede medirla **debajo de la axila** (axilar) o **debajo de la lengua** (sublingual). En ambos casos, añada 0,5 ºC al resultado para obtener la temperatura exacta. Como tendrá que realizar esta acción en distintas ocasiones, fíjese en lo que molesta menos a su hijo, y utilice siempre ese método. Con la «costumbre», el bebé dejará de reaccionar ante este acto, que se convertirá en algo **familiar** (ver página 64). Piense siempre en controlar la temperatura en caso de despertares inusuales o de otros síntomas (resfriados, diarreas...). Durante los dos primeros meses, cualquier episodio de fiebre requiere una **revisión médica** en urgencias debido a los riesgos de infección neonatal.

## Temperatura del lactante

Se sitúa entre 36,5 y 37,5 ºC. Procure tomar la temperatura cuando el bebé esté tranquilo, ya que los llantos o los gritos pueden hacer que aumente de forma significativa.

## Material

Para hacer frente a las situaciones cotidianas con el bebé, su **botiquín** debería contener lo siguiente:

- un **termómetro** para el bebé;
- un **antiséptico** que no escueza (para limpiar los pequeños cortes, los rasguños);
- alcohol al 60 % de volumen;
- **suero fisiológico** en dosis individuales (para limpiar los ojos y la nariz, ver páginas 66-67);
- una **pomada** para curar las irritaciones del pañal;
- **paracetamol** (para bajar la fiebre a modo de antipirético);
- **compresas estériles** y tiritas precortadas;
- una crema contra las equimosis (hacia 1 año);
- una crema contra las picaduras (en caso de viaje y en verano);
- una crema contra las quemaduras;
- un **líquido rehidratante** (en caso de diarrea).

Aunque su bebé todavía no sea capaz de abrir los cajones, coloque el botiquín en un lugar elevado y acostúmbrese a cerrarlo con llave.

*Desde la prohibición del termómetro de mercurio, se encuentran tres tipos de termómetros en el mercado: el electrónico, el de carbono y el de infrarrojos. Cada uno tiene su modo de uso, su eficacia y su precio.*

**Conservación de los medicamentos**

Conserve los medicamentos en su envase original y tenga en cuenta las instrucciones para su conservación (en frío, protegido de la luz, de la humedad...). Lleve los medicamentos caducados a su farmacéutico.

# El dolor en el recién nacido

El dolor en los bebés se reconoce y se tiene en cuenta desde hace unos veinte años, mientras que antes había sido negado por muchos especialistas a pesar de la experiencia de las mamás, que advertían el sufrimiento de sus bebés. Actualmente, existen numerosos medicamentos llamados «antálgicos» (o analgésicos) para combatir el dolor, tanto si se trata de un simple malestar (salida de los dientes) como de una vacuna o de algo más importante. Los medicamentos deben estar prescritos siempre por un pediatra y evitar la automedicación.

## Cómo identificarlo

La principal manifestación del dolor es un llanto que las mamás identifican con gran rapidez, porque no guarda ninguna relación con el llanto de hambre o de vigilia agitada. En todos los casos, hay que permanecer atento al comportamiento del bebé: si llora sin cesar y no se calma ni en sus brazos ni con las tomas, hay que alarmarse. Los trastornos del sueño pueden ser reveladores de dolor, sobre todo cuando el bebé se despierta en plena noche gritando; puede ser una simple subida de la fiebre o incluso una otitis cuando arrastra un resfriado. Atención: la intensidad del dolor no siempre es equivalente a la agitación del bebé. Al contrario, cuanto más duradero es, más insoportable se torna, y más se retuerce el bebé, que puede dejar de gritar y de llorar. Un estado de abatimiento debe alertar tanto como un estado agitado.

## Cómo comportarse

No se debe desatender ningún dolor. En cuanto advierta un cambio de comportamiento, póngase en contacto con el pediatra. Evidentemente, cuando se haya identificado el «mal», se deberán practicar los cuidados necesarios, pero esto no es suficiente. Su actitud de padre cuidador es tan importante como los cuidados técnicos. El bebé necesita que le tranquilicen, que le consuelen, que le calmen. Sobre todo, no le demuestre su ansiedad, porque su hijo la advertirá y se sentirá aún más angustiado. Antes, durante y después de la cura, háblele, dígale con una voz suave y tranquila lo que está haciendo y que se pondrá mejor cuando haya terminado.

**PSICOLOGÍA**

## ¿Qué hacer en caso de fiebre?

Un niño tiene fiebre cuando su temperatura supera los 38 ºC, y debe tratarse inmediatamente porque puede alcanzar los 40 ºC. Si su temperatura se sitúa alrededor de 38 ºC, destape al niño y déjelo un rato en body. Compruebe también que la temperatura de la habitación no sea demasiado elevada (20 ºC). Si la fiebre no baja, adminístrele paracetamol en la dosis correspondiente a su peso y acuda al pediatra. De hecho, antes de los 2 meses, la fiebre es motivo de urgencia. No olvide dar de beber con frecuencia a un bebé con fiebre para evitar cualquier riesgo de deshidratación. En cuanto a la técnica del baño para hacer bajar la fiebre, hoy en día se pone en tela de juicio. Si a su bebé le gusta que le bañen, hágalo, pero procure que el agua del baño sea 2 ºC inferior que su temperatura (por ejemplo, agua a 38 ºC si está a 40 ºC).

# bienestar

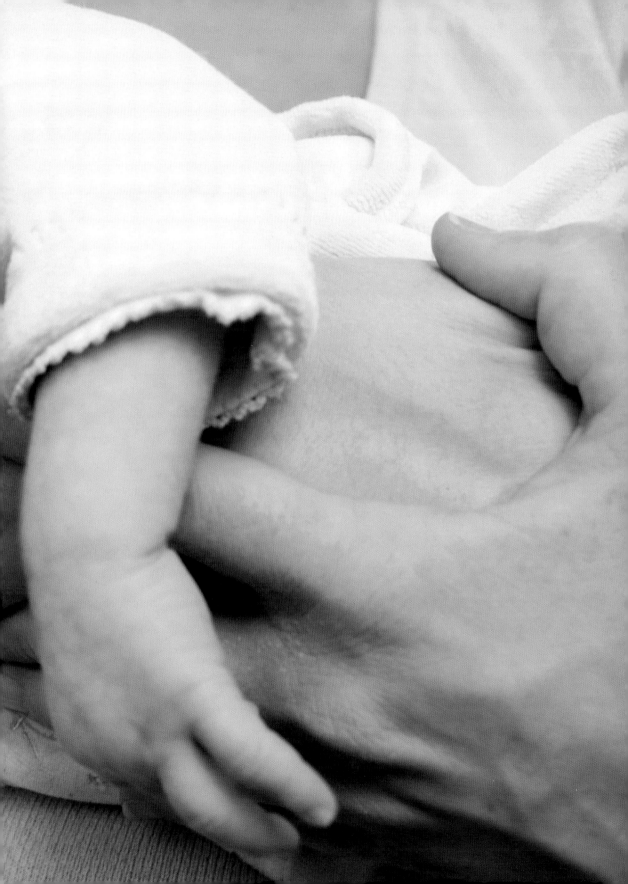

# Masajes

Para dar masajes a un bebé no hace falta ni mucha experiencia ni productos específicos. Las fotografías que se muestran constituyen solo un ejemplo, y, dependiendo de los momentos, podrá optar por seguir toda la secuencia o dar solamente un masaje en determinada parte del cuerpo. El objetivo, ante todo, es que este intercambio táctil resulte placentero para los dos.

### ① ② y ③ Hombros y tórax

Para que el bebé no tenga frío durante el masaje, la temperatura ambiente debe situarse entre 22 y 24 ºC. Antes de empezar, lávese las manos y úntelas con aceite vegetal neutro (almendra dulce, por ejemplo) o con leche hidratante. Atención: no utilice aceites esenciales porque, aunque estén muy diluidos, su uso está desaconsejado en niños menores de 3 años. Tumbe al bebé de espaldas, y masajéele lentamente los hombros y la parte superior de los brazos, de delante hacia detrás ①. Después, deslice las manos de las axilas hasta la ingle ②. El masaje del torso puede realizarse con movimientos cruzados, dirigiendo la mano del hombro derecho hacia la cadera izquierda, y a la inversa ③.

## El mejor momento

Los masajes requieren cierta disponibilidad por una parte y por la otra. Así, es inútil dar un masaje al bebé si usted tiene prisa, está nerviosa o ansiosa, o si él, por su parte, está hambriento. Su hijo estará mucho más predispuesto a este intercambio si está saciado, limpio y tranquilo. Durante las primeras semanas, el mejor momento es probablemente el anterior o el posterior al aseo. Más adelante, como el bebé permanecerá despierto más tiempo, habrá más ocasiones. Independientemente de la edad, evite realizar los masajes justo después de comer para no interferir en la digestión.

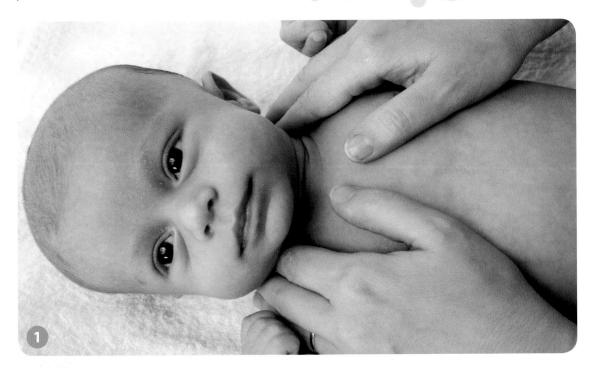

1

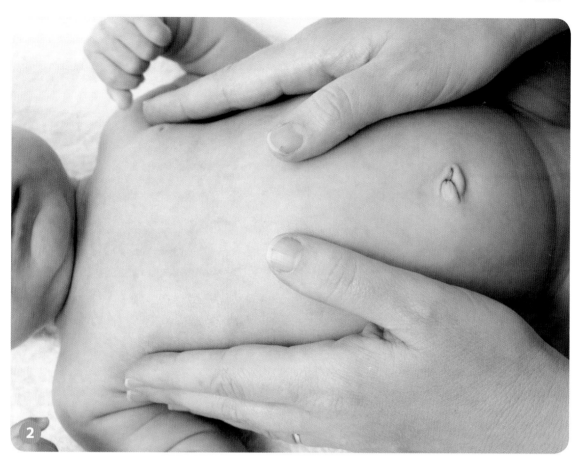

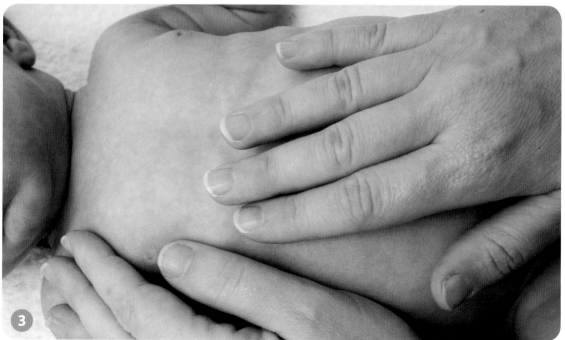

### ④ Pliegues de la ingle

Dele un suave masaje en las ingles alisando los pequeños pliegues de la piel. Si al bebé le gusta y se siente relajado, quizás estire las piernas.

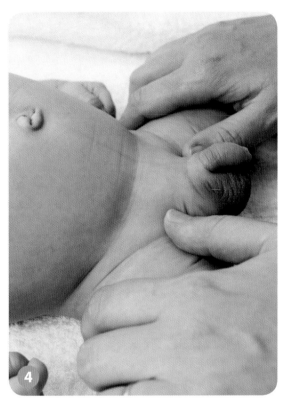

### ⑤ y ⑥ Piernas y pies

Para dar masajes en las extremidades, es más cómodo emplear ambas manos. Mientras que una agarra el muslo, la otra se desliza hasta el tobillo, antes de volver a subir ⑤. No olvide la planta de los pies, en las que el tacto provoca sensaciones agradables. Empiece por el talón y vaya hacia los dedos, efectuando pequeños movimientos circulares con el pulgar ⑥.

### ⑦ Brazos y manos

Para los brazos, forme un anillo con las manos y deslícelo hacia el extremo de la extremidad. Otra técnica consiste en sostener la muñeca con una mano y efectuar idas y venidas con la otra mano. Masajee finalmente la palma de la mano con el pulgar, y termine estirando suavemente cada dedo de la punta hacia la palma de la mano.

### ⑧ y ⑨ Espalda

Con el niño tumbado boca abajo, descienda suavemente de los hombros hacia las nalgas. Las manos, colocadas planas a ambos lados de las vértebras, envuelven los costados del bebé ⑧. La espalda es una zona frágil, por ello la columna vertebral no se debe manipular. Ahora, su bebé quizás tenga ganas de dormir, señal de que la sesión le ha dejado agradablemente relajado ⑨.

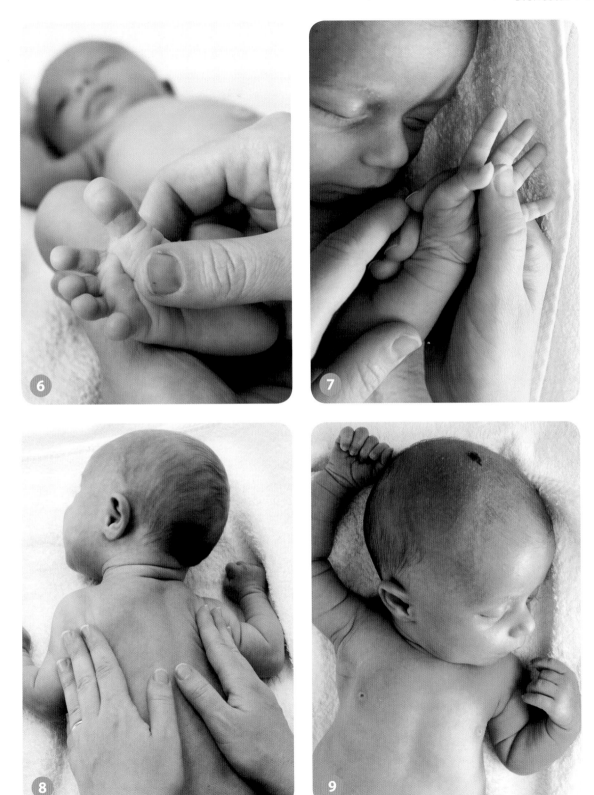

# Sostener correctamente al bebé

Existen diferentes maneras de sostener a un recién nacido. Su bebé se sentirá bien siempre que sus brazos constituyan un envoltorio seguro. Procure sostenerle bien la cabeza y las nalgas, sobre todo durante los tres primeros meses.

### ① y ② Apoyado en el antebrazo

Estas posiciones, igual de cómodas, garantizan una correcta sujeción de la nuca. La postura a horcajadas ① calma a veces algunos cólicos. La postura dorsal ② es cómoda al sacarlo de la cuna. Para coger al bebé, no le levante por las axilas. Si está de espaldas, coloque una mano debajo de las nalgas, entre los muslos, y la otra detrás de la nuca. Después, levántele utilizando la mano colocada debajo del trasero, con la otra aguantando siempre la cabeza.

### ③ y ④ Acurrucado contra su pecho

Al descansar apoyado en usted, el niño está muy cómodo porque le tranquiliza su olor y la proximidad de su cuerpo. No dude en sostenerle con firmeza, porque a los recién nacidos les gusta sentirse bien sujetos. Girado hacia usted ③, está en una postura más próxima a los mimos o a dormirse. Cuando se encuentra despierto, interesado por lo que le rodea, también puede colocarle de espaldas a usted ④. Antes de los 3 meses, sin embargo, esta postura le cansará pronto.

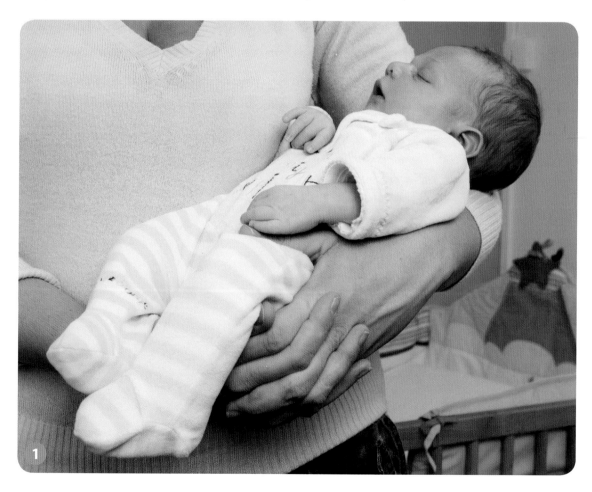

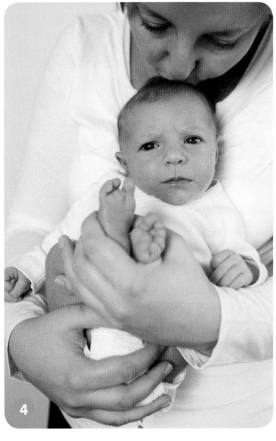

# El masaje, una medicina natural de pleno derecho

En muchos países con tradiciones médicas milenarias (en Asia, por ejemplo), el **masaje en los recién nacidos** se practica de forma natural. En Occidente, sus virtudes se reconocen desde hace unos treinta años, y actualmente se acepta habitualmente que practicar masajes de forma regular durante las primeras semanas de vida puede contribuir de forma duradera al **bienestar,** así como al adecuado **desarrollo físico y psíquico** del niño. Para el padre o la madre, el hecho de «curar» a su bebé con sus propias manos también resulta muy gratificante, y sobra decir que estas «sesiones» permiten reforzar los lazos de **intimidad** entre padres y recién nacido. La piel es un órgano sensorial esencial que permite mostrar poco a poco al recién nacido los **límites de su cuerpo** (noción de dentro-fuera). En la práctica, se puede empezar con los masajes desde la primera semana. A nivel «terapéutico», el masaje tiene, naturalmente, unas virtudes muy calmantes para el pequeño, pero también puede mejorar específicamente algunos **males** y algunas **disfunciones:** despertar agitado o trastornos benignos asociados a la digestión como los cólicos o la diarrea. El mejor momento para dar un masaje a un bebé es después del baño o antes de acostarse. En cambio, es mejor dejar para más tarde la sesión si el niño está cansado o si tiene hambre. En todos los casos, no debe superar los 5 minutos de masaje en el caso de los recién nacidos, y 10 minutos en los niños a partir de 3 meses. Finalmente, si quiere aprender más, sepa que hoy en día existen **cursos específicos** impartidos por profesionales que pueden iniciarle desde el hospital.

### ¿Con qué producto?

Lo mejor es utilizar un aceite vegetal como el aceite de almendra dulce (o manteca de karité). Ligeramente tibio, resulta aún mejor. La piel del recién nacido no siempre absorbe bien los «aceites para bebés». No utilice nunca aceites esenciales (demasiado fuertes), salvo si se lo recomienda un profesional sanitario cualificado.

*Actualmente, muchas mamás en los países occidentales practican el masaje en los recién nacidos, aunque desde hace siglos se practica en Asia, África y América Latina.*

### Masajes que «curan»

Para aliviar los trastornos digestivos, dele un masaje en el abdomen en el sentido de las agujas de un reloj de forma **suave y repetitiva** doblando las piernas hacia arriba y presionando de forma intermitente (mejor cuando el bebé espira). Atención: aunque la presión deba ser siempre ligera, no convierta el masaje en cosquillas, porque podría anular los **beneficios** de esta práctica. No dé masajes en la cabeza a niños menores de 2 años de edad, porque es una zona sumamente frágil.

## ¿Por qué no recurrir a la osteopatía?

La osteopatía en niños pequeños está en auge. Normalmente, se trata de osteopatía craneal, pero la práctica puede extenderse a todo el cuerpo, según las necesidades. Esta terapia manual, gracias a unas presiones muy ligeras a nivel musculoesquelético, puede aliviar las tensiones soportadas por el recién nacido en el momento del parto, comprobar y rectificar posturas e incluso prevenir o aliviar ciertas afecciones (trastornos del sueño y digestivos). La consulta al osteópata está especialmente recomendada en caso de nacimiento difícil, es decir:

- el niño se presentó de nalgas;
- el cordón quedó enrollado alrededor del cuello;
- se utilizaron fórceps o ventosas;
- se realizó una cesárea de urgencia.

**Atención**

Las probabilidades de que el bebé se relaje y se haga pipí durante los masajes son muy elevadas. Tome precauciones...

También resulta indicada cuando el bebé no consigue girar bien la cabeza hacia la derecha o hacia la izquierda, si tiene tortícolis congénito (la cabeza permanece fija en un sentido y es imposible girarla hacia el otro lado) o incluso para tratar los reflujos gastroesofágicos, los trastornos del sueño, los llantos, los estallidos de excitabilidad... O simplemente, ¡para comprobar que todo va bien! Para encontrar a su profesional, puede dirigirse al Registro de osteópatas de España (www.osteopatas. org). Atención: La consulta solo entra por la seguridad social si el osteópata es médico. Precio de una sesión: de 50 a 100 €. Dos o tres visitas durante el primer año de vida del bebé suelen ser suficientes.

### SALUD

## Los beneficios del masaje

Hacer mimos al bebé, cogerle en brazos, abrazarle... son gestos naturales. El tacto es el primer sentido que el bebé desarrolla, de modo que estos contactos son importantes para su desarrollo. Enriquecen los vínculos que existen entre el niño y sus padres y le procuran un auténtico bienestar. De hecho, después de abandonar el delicado hogar de la cavidad uterina, caliente y envolvente, el mundo exterior puede parecerle ligeramente inquietante. Sentirse abrazado y mimado le tranquilizará porque le recordará las caricias que recibió durante su vida intrauterina. Agradecerá este momento de complicidad, lleno de amor y de ternura, que se le transmite a través de estos gestos llenos de dulzura. Es un intercambio que presenta numerosas virtudes, para el sueño, el apetito, la flexibilidad e incluso la salud. Masajear todas las partes del cuerpo del bebé le resultará beneficioso y, cuando crezca, los padres podrán practicar la técnica del shiatsu.

maman + papa

# salidas

# Llevar al bebé en una mochila o con una bandolera

Las mochilas y los pañuelos portabebés gozan cada vez más del beneplácito de los padres. Permiten mantener al bebé cerca del cuerpo. Son menos voluminosos que el cuco o el cochecito, pero deben adaptarse a sus necesidades y a la edad del bebé.

## ① Elegir el modelo adecuado

Algunos médicos desaconsejan el portabebé ventral antes de los 2 o 3 meses de vida. Recomiendan esperar a que los músculos de la espalda del niño sean más fuertes y que este aguante con mayor facilidad la cabeza recta. Todos los portabebés están diseñados para que el niño vaya girado hacia usted, pero algunos también permiten colocar al bebé en el otro sentido. Así, de espaldas a usted, con 3 o 4 meses, podrá mirar el mundo. Para elegir una mochila, pruébela con su hijo. Para su comodidad, opte por los modelos con anchos tirantes acolchados, preferiblemente lavables a máquina. En lo referente a la seguridad, asegúrese de la solidez de los tirantes y de las fijaciones. En el portabebé, la parte que se coloca entre las piernas debe ser ajustable, para adaptar la postura del bebé en función de su edad. Debe llevar un reposacabezas rígido que ayude al niño a mantener recta la cabeza, o una faja que le sostenga a nivel de los hombros. Si le duele la espalda, algunas mochilas llevan una sujeción lumbar. Pero no se fuerce demasiado, ya que el paseo también debe resultar agradable para usted. Practique poniéndose y quitándose el portabebé. Familiarícese con los sistemas de fijación. Abroche las correas y las fijaciones, que deben quedar listas para la colocación del bebé. En función de los modelos, las instrucciones pueden ser diferentes.

## ② y ③ Colocar al bebé

Ahora puede colocar al bebé. Compruebe una vez más la solidez de las correas y del sistema de fijación. Ponga a su hijo contra usted. Ubíquele a la altura correcta empujándole por debajo del trasero. Tome la parte anterior de la mochila y

### Portabebé dorsal

El portabebé dorsal está reservado a los niños de 9 meses en adelante. A partir de esta edad, su hijo puede aguantar sentado bastante tiempo como para disfrutar de un paseo. La elección del portabebé se realiza de igual modo que en el caso de la mochila. Primero debe instalar al bebé en el asiento, y después regular con cuidado los cierres. Colóquese después todo el conjunto a la espalda y ajuste los tirantes antes de fijar el cierre ventral. Como el niño no puede verle la cara, háblele para tranquilizarle durante los primeros paseos.

abróchela. Regule las diferentes correas y tirantes. El bebé tiene que colocarse bien para que a usted no le duela la espalda. Debe poder darle un beso en la frente sin esfuerzo. En un primer momento, si lo prefiere, puede realizar estas operaciones mientras está sentada. Cuando todo esté listo y si el tiempo lo exige, póngase el abrigo, que les protegerá a ambos. A la vuelta, afloje las correas, saque al bebé y déjelo en algún sitio seguro. Ahora ya puede quitarse la mochila.

## ④ La bandolera

Las bandoleras que se venden en las tiendas tienen forma de hamaca. Pueden utilizarse hasta los 24 meses. Algunos pediatras aconsejan no utilizarlas antes de los 2 o 3 meses de vida. Estas bandoleras permiten llevar al niño apoyado en el abdomen o en la cadera, y sostenerle cómodamente mientras come. También se puede utilizar un simple pañuelo grande para llevar al niño.

# Pasear al bebé en el cuco o en el cochecito

Cuco, cochecito, combinado, sillitas para la ciudad, deportivas... la oferta de equipamiento es tan variada que puede dejarnos perplejos. Este medio de transporte, ante todo, debe adaptarse tanto a sus necesidades como a las de su hijo.

## ① y ② Del cuco...

Para los cinco primeros meses, los pediatras aconsejan utilizar el cuco. Este modo de transporte protege la espalda del bebé, cuya musculatura todavía no está fuerte, y le protege del frío si ha nacido en invierno. Además del cuco clásico, existen sistemas «combinados», formados por un chasis en el que se pueden ir montando sucesivamente el cuco, la sillita para el coche o una sillita de paseo. Otra solución: los cochecitos evolutivos, equipados con un habitáculo fijo que se transforma en cuco o en sillita. La elección del modelo depende de su ritmo y del lugar donde resida. En la ciudad, las ruedas pequeñas y giratorias son prácticas, y un chasis alto aleja a su hijo de los tubos de escape. En el campo, las ruedas grandes y fijas y una buena suspensión garantizan la mejor comodidad para el bebé. Para subir escaleras, es imprescindible una estructura de aluminio ligera. En cuanto al tamaño, plegado y desplegado, constituye un criterio importante. Tanto el cuco como el cochecito deben caber en el maletero del coche o en el ascensor. Compruebe también que las partes de tejido son lavables, preferentemente a máquina. El conjunto debe ser cómodo para el bebé, no demasiado pesado para la mamá y fácilmente plegable por una sola persona. No dude en manipularlo en la tienda, antes de adquirirlo, para asegurarse de hacer una buena inversión. Para preparar las primeras salidas en el cuco, cubra el colchón con una funda de plástico y después ponga la sábana bajera. Vista al niño en función de la temporada y colóquele de espalda, antes de taparle con una sábana y una pequeña manta hasta los hombros. Debe quedar bien arropado, pero no demasiado apretado. Cierre la funda y suba la capota, que le protegerá del sol en verano o del frío y el viento en invierno.

## ③ ...al cochecito

A partir de los cinco meses, su hijo puede empezar a sostenerse en posición sentada durante los paseos. Abríguele bien en el cochecito, porque está menos protegido que en el cuco. Póngale un gorro, manoplas y una bufanda en invierno. En primavera, opte por un gorro y calcetines de algodón. Finalmente, en los días más cálidos, podrá dejarle con los brazos y las piernas al aire, pero tapados con una sábana ligera. En cualquier periodo, si hay viento, protéjale con una funda que le tape hasta los hombros. En caso de sol o de lluvia, ponga la capota. Asegúrese de que el niño va siempre bien atado, aunque solo sea unos minutos. Recuerde llevar, además del material habitual, algunos juguetes para que se distraiga. Para los nacimientos gemelares o niños que se llevan poco tiempo, existen cochecitos dobles. Están disponibles en dos formas: de cara o en fila india. La primera solución permite a los dos niños estar de lado. La segunda les pone cara a cara o uno detrás del otro. Esta última fórmula es más práctica en la ciudad (aceras, puertas...).

## Una elección difícil

Actualmente se encuentran en el mercado todos los cochecitos posibles e imaginables. Según sus pasiones, sus necesidades o sus gustos estéticos, le será fácil encontrar el que más le satisfaga: cochecitos de cuatro ruedas pivotantes, con sistemas de amortiguación, de tres ruedas, de diseño… No obstante, preste atención a los aspectos más prácticos y procure preservar el confort y la seguridad de su bebé.

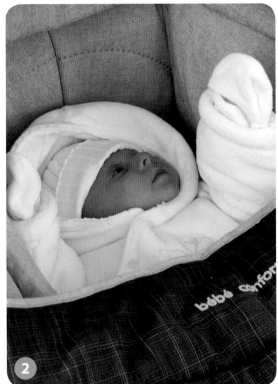

# Poner al bebé en la sillita del coche

Tanto para los trayectos largos en coche como para los cortos, es necesario disponer de una sillita adaptada a su bebé. La seguridad es imprescindible, pero tampoco hay que menospreciar la comodidad. El objetivo consiste en garantizar un viaje agradable para el bebé y para sus padres.

## ① Instalar la sillita del coche

En el caso de los recién nacidos, los desplazamientos en coche se hacen preferentemente en el cuco. Después, puede optar por instalarle en una sillita de coche del grupo O, posicionada de espaldas a la carretera. La sillita se coloca en el asiento del pasajero o en uno de los asientos posteriores. En el primer caso, asegúrese de que el airbag está desactivado. Fije la silla utilizando los puntos de anclaje de los cinturones de seguridad y compruebe que no se mueve. Estas sillas, de estructura muy rígida, refuerzan la protección del niño en caso de colisión. A partir de los 8 o 9 meses, cuando el niño es capaz de permanecer sentado durante más tiempo, puede optar por una silla del grupo 1, de las que se colocan de cara a la carretera. También se fijan en los puntos de anclaje de los cinturones de seguridad. Estas diferentes sillas existen en forma de combinados, y sirven a la vez como silla de paseo, cuco o sillita para el coche. Este equipamiento reduce sus gastos, pero, en contrapartida, tiene que montarlo y desmontarlo en cada desplazamiento.

## ② El bebé en la carretera

Coloque al bebé en la silla, cierre el arnés de seguridad y ajuste la altura de los tirantes. Compruebe que el niño está atado firmemente, pero que está cómodo. El dispositivo debe sujetarle a nivel de las caderas, no del abdomen. No olvide sacar los objetos que se hallan en la bandeja posterior o en la guantera: en caso de colisión, de frenazo o de golpe de volante, podrían caer encima del bebé y lastimarlo. Para los más pequeños, utilice un reposacabezas (hinchable o de espuma) o una toalla de baño enrollada para atenuar el efecto de los baches. En cuanto llegue

el buen tiempo, e independientemente de la edad que tenga el bebé, debe protegerle del sol. Las soluciones pueden combinarse: crema solar, parasol en el parabrisas trasero y en los cristales laterales. Si le coge por sorpresa, utilice una toalla de felpa humedecida y sujétela con el cristal de la ventana. La deshidratación es el primer peligro en caso de calor en el habitáculo. La climatización permite atenuar el riesgo, pero recuerde llevar un vaporizador y dar de beber con frecuencia al bebé. Si es posible, no conduzca en las horas más calurosas, entre las 12 y las 16 h. Procure también no conducir con las ventanillas bajadas. El niño podría quedar expuesto a una fuerte corriente de aire, o verse incomodado por el polvo y los insectos. Respete el ritmo de su hijo; dele de comer en las horas habituales, y deténgase con frecuencia para ventilar el coche y tomar el aire todos juntos. Será el momento, para algunos, de hacer una pausa para fumar, porque está totalmente desaconsejado hacerlo dentro del vehículo.

## ¿Cómo instalar un cuco?

Coloque el cuco en el asiento posterior, paralelo al respaldo. Fíjelo en los puntos de anclaje de los cinturones de seguridad. Después, compruebe que el arnés o la red de seguridad (según los modelos) sujeten bien al bebé. Esta protección evita que el niño salga despedido en caso de colisión. El cuco es la solución más cómoda para el bebé hasta los 4 meses de edad. La posición tumbada protege su espalda y su nuca, que todavía no tienen la musculatura suficiente. En el caso de un viaje largo, se debe optar por este modo de transporte.

# Cuco, portabebé, cochecito, ¿cuál elegir?

La elección debe depender de su estilo de vida y del lugar en el que resida. Por ejemplo, los **cochecitos con grandes ruedas** fijas y neumáticos hinchables son ideales si reside en el campo (donde tendrá que pasar por caminos accidentados), porque su punto fuerte es la buena suspensión. Pero estos cochecitos no resultan demasiado prácticos en la ciudad por falta de **manejabilidad** y porque su volumen y precio es considerable (como mínimo 350 €). Si su familia es urbana, opte por un **cochecito con ruedas giratorias**, ligero y plegable. Algo muy práctico y que se hace mucho hoy en día es comprar un **chasis** e ir adaptando la sillita en función de la edad del bebé: un cuco (hasta 6 meses) o una sillita que también puede servir para el coche (hasta 9 meses), incluso una hamaca en cuanto el bebé se sostenga sentado y hasta los 2 o 3 años de vida (estos conjuntos se venden a partir de 450 €). En cuanto a los **cochecitos de tres ruedas,** deportivos (que permiten practicar jogging con el bebé) tienen ciertamente un aspecto muy moderno, pero son poco polivalentes (en cuanto al precio, desde 150 € hasta más de 500 €). Los **portabebés,** por su parte, tienen muchas ventajas, la más evidente de las cuales es el hecho de mantener cierto contacto físico con el niño. El **ventral** puede plantearse a partir de los 2 o 3 meses de edad. Para el **dorsal,** tendrá que esperar hasta los 6 meses, pero el bebé estará entonces en la gloria porque disfrutará de una vista panorámica. En cuanto al precio, están disponibles a partir de 50 €. Desgraciadamente, un portabebé no puede sustituir nunca un «vehículo de ruedas», de modo que debe tener en cuenta que constituye una inversión adicional. En todos los casos, aprenda a manipular el artículo antes de la primera salida y, en el caso de los portabebés, compruebe la **solidez** de las correas y de las fijaciones. Cuidado: evite las sillitas plegables en niños menores de un año.

### Compras inteligentes

Este material, como otros objetos de puericultura, puede adquirirse de ocasión en tiendas de segunda mano, en Internet, etc. (ver página 30).

## Material

No se puede salir con un recién nacido con las manos vacías. Para salir de paseo, son indispensables:
- una bolsa con **pañales** suficientes;
- **toallitas** para lavarse las manos antes y después del cambio, para el pecho o el biberón, etc.;
- bolsas de plástico para deshacerse de los pañales sucios;
- un **biberón** en una funda isotérmica, si no da el pecho, sin olvidar un **babero;**
- un jersey más por si acaso, e incluso un **recambio** completo si la salida se prevé larga, con visitas a la familia, etc.;
- un **chupete** y/o un **pequeño juguete** que se mueva o haga ruido fijado en el cochecito, para que el bebé no se aburra;
- un tentempié sólido y líquido para usted.

### El cochecito

Acostúmbrese a frenar las ruedas cuando se detenga y a no dejar nunca a su bebé solo dentro (aunque duerma) para ir a un sitio en el que no pueda entrar con el cochecito.

## ¿Y si no tenemos ganas de salir?

Algunos días, el paseo está incluso desaconsejado, por ejemplo, cuando hace realmente frío (temperaturas inferiores a los 5 ºC) o demasiado calor (temperaturas superiores a los 27 ºC), o si llueve a cántaros. Además, ciertos días, la mamá estará cansada o simplemente le apetecerá quedarse en casa. No debe sentirse culpable; se puede estar perfectamente algunos días sin sacar a la calle a un recién nacido.

Atención: aunque salga con él, piense en renovar el aire de la casa abriendo las ventanas de par en par (aunque sea durante poco tiempo en invierno). Si siente cierta ansiedad (miedo a salir sola con un recién nacido), es preferible que le acompañe un familiar o una amiga. Además, tenga el móvil al alcance de la mano; resulta muy tranquilizador.

## ¿Qué hay que comprobar antes de comprar?

Existen muchos criterios que se deben tener en cuenta antes de adquirir un cochecito. He aquí los principales:

● el peso: debe ser razonable, y debe poder empujarlo sin demasiado esfuerzo;
● la manejabilidad: debe poder plegarlo y desplegarlo con una sola mano y sin tener que agacharse;
● el tamaño: el modelo elegido debe caber en el maletero del coche, en el ascensor, etc.;
● las ventajas prácticas: el «vehículo» puede llevar una red para poner cosas (muy práctica) y una capota fácil de instalar para la lluvia;
● el precio: la gama de precios es muy amplia, de modo que no hace falta elegir el modelo más caro; compruebe simplemente que el modelo de sus sueños cumple con las condiciones anteriores.

## ¿Cuándo debe sacar al bebé? ¿Dónde llevarle y no llevarle?

Se puede sacar al bebé de casa a partir de la segunda semana. El día anterior al primer paseo, puede dejarle escuchar los ruidos del exterior; para ello, abra la ventana de par en par (abríguele si hace fresco o frío); así, el día que salga, el entorno ruidoso le sorprenderá menos. El mejor paseo, naturalmente, es el que transcurre en un espacio verde, con clorofila y pajarillos. Hasta el primer mes de edad, es preferible evitar todos los lugares ruidosos y susceptibles de albergar muchos gérmenes: centros comerciales, metro, restaurantes abarrotados, etc. El paseo no debe ser excesivamente largo (una hora las primeras semanas), pero siempre es bienvenido porque permitirá experimentar cosas nuevas al bebé (aire fresco, sonidos diferentes, sensación de desplazamiento, etc.), que son importantes para su desarrollo sensorial. Además, las salidas favorecen el sueño. Así pues, se deben practicar tanto como sea posible.

# para la mamá

# Cuidado de los pechos

Las cremas hidratantes, los masajes con agua fría y el uso de un buen sujetador le ayudarán a conservar la elasticidad del pecho. Aunque un embarazo siempre distiende ligeramente los músculos que sostienen los senos, algunos hábitos diarios le ayudarán a tonificar el busto y a conservar un atractivo pecho.

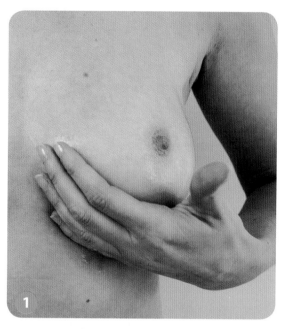

### ① y ② Masajear el busto

Los seños vuelven a recuperar, en parte, su línea con el retorno de la menstruación. Sin embargo, algunas acciones favorecen la elasticidad de la piel. En primer lugar, opte por las duchas antes que por los baños y, si lo soporta, antes de secarse, masajéese el pecho con agua fría. Después, aplíquese cada día una crema hidratante o una crema de belleza para el busto. Empiece por debajo del seno ① y, después de haber masajeado todo el pecho con la palma de la mano ②, vuelva a ascender hasta el cuello con movimientos circulares. Piense también en protegerse el escote con una pantalla total en cada exposición solar. Finalmente, debe saber que la natación favorece el mantenimiento del pecho, sobre todo el crol de espalda, que puede practicarse cuatro meses después del parto.

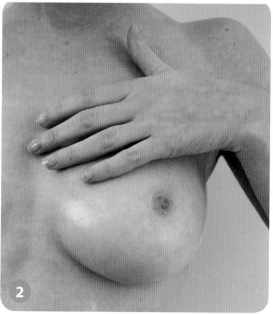

## Durante la lactancia

Si está dando el pecho, deberá esperar al destete para aplicarse cremas en el pecho, porque su olor podría molestar al bebé. En este momento, lo que ayuda sobre todo a evitar que el pecho caiga es el uso de un sujetador adaptado (sin estructura). No dude en llevarlo de día y de noche. Contrariamente a lo que se piensa, el hecho de amamantar no implica una caída del pecho. Tan solo una lactancia prolongada (superior a los 6 meses, según algunos médicos) y, sobre todo, las variaciones bruscas de volumen tienen efectos negativos sobre la silueta de los senos. Un destete inmediato después de la subida de la leche en la semana siguiente al parto también puede resultar nefasto. Tanto para la mamá como para el bebé, el cese de la lactancia debe ser siempre progresivo.

# Cuidado del abdomen

El abdomen es una de las partes del cuerpo más castigadas por un embarazo y un parto. Disminuye de volumen en unos diez días, pero hará falta mucho más tiempo para que se vuelva a tonificar, e incluso para que vuelva a estar plano. Así pues, no tenga prisa... He aquí algunos consejos válidos para los primeros meses.

### Nutrir la piel

Para prevenir la desecación de la piel es aconsejable el uso de jabones nutritivos y libres de detergentes. Después de la ducha, no dude en aplicarse una crema con elastina o aceite de almendra dulce. Empiece por la zona del ombligo y vaya descendiendo hacia los lados. Si le han practicado una cesárea, aplicar cada día masajes en la cicatriz con aceite de almendra dulce evitará la formación de adherencias y de un ligero bulto formado por la cicatriz. En ocasiones, durante el embarazo, aparece una línea marrón en el abdomen, desde el ombligo hasta el pubis. Es de origen hormonal y no necesita ningún cuidado especial. Suele desaparecer espontáneamente en los tres meses posteriores al parto.

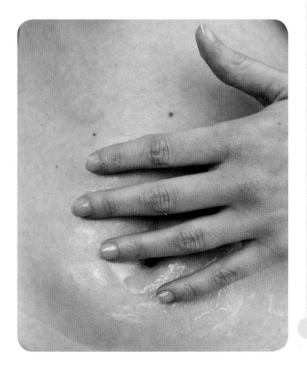

### Algunas precauciones

Durante las semanas posteriores al parto, el vientre permanece ligeramente redondeado, hecho que se potencia después de una cesárea. No se impaciente y pierda tranquilamente los pocos kilos que le sobran. Empiece con la rehabilitación del periné antes de proceder a la recuperación abdominal o a la práctica de ejercicios abdominales. Estos ejercicios, de hecho, tienen tendencia a provocar cierta presión en el periné y a agravar las pequeñas pérdidas de orina. Así, es necesario saber controlar el periné antes de volver a muscular el abdomen. Durante este periodo, algunas actividades están desaconsejadas: subir escaleras, transportar importantes pesos, realizar tareas domésticas agachada, etc. Solo tras seis u ocho semanas podrá plantearse remodelar su silueta por medio de la actividad física y con un ligero régimen (alimentación variada, pero con raciones menores).

### Atenuar las estrías

Las estrías son el resultado de la rotura de las fibras elásticas de la epidermis, y no existe ningún tratamiento milagroso que permita eliminarlas. Lo único que se puede intentar es hacerlas menos visibles. Algunos profesionales de las medicinas naturales aconsejan aplicar un gel de árnica o manteca de karité. Los dermatólogos aconsejan una crema a base de vitamina A ácida o la microdermabrasión con cristales de alúmina, que estimula la generación de colágeno y elastina además de activar el sistema circulatorio y permitir la regeneración celular. Es destacable, sin embargo, que las estrías se atenúan por sí solas con el tiempo, ya que se tornan más blancas y finas.

# Ejercicios para recuperar la forma

Los ligeros ejercicios presentados aquí pueden practicarse cuando haya dejado de sangrar. Realícelos siempre sin ningún esfuerzo. Hasta que transcurran algunos meses, después de la rehabilitación del periné, no podrá plantearse volver a desarrollar la musculatura.

## ESPALDA

### ① y ② Redondear la espalda

Este ejercicio está orientado a corregir el arqueo de la espalda, que se acentúa durante el embarazo. Al inspirar, lleve las piernas flexionadas hacia el pecho y sujételas con los brazos. La pelvis bascula, y la parte inferior de la espalda debe permanecer plana ①.

Después, espire mientras aproxima la cabeza a las rodillas ②. Este ejercicio resultará más beneficioso si controla su postura. Por ejemplo, cuando tenga al bebé en brazos, no dude en apoyar la espalda en cojines y en levantar ligeramente los pies y colocarlos en un pequeño taburete.

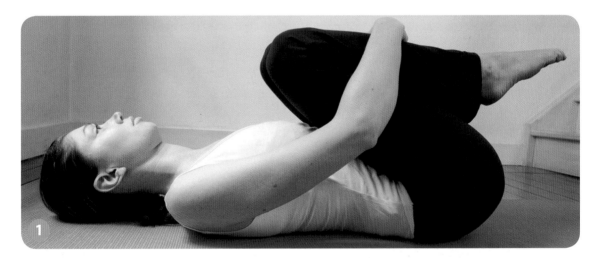

## ③ y ④ Estirar la columna

Estos otros dos ejercicios le ayudarán a adquirir mayor flexibilidad en la espalda. Túmbese en el suelo encima de una alfombra, con los brazos junto al cuerpo. Para que resulte más cómodo, colóquese, si es preciso, un cojín debajo de la parte inferior de la espalda. Para el primer ejercicio ③, apoye los pies contra la pared, con las piernas estiradas y ligeramente separadas. Coloque las palmas de las manos hacia arriba y levante ligeramente la pelvis mientras contrae las nalgas y el abdomen. Para el

segundo ejercicio ④, coloque las palmas contra el suelo y cierre las piernas. Entonces, tire las caderas hacia arriba, con las piernas estiradas, y con el cuerpo lo más tenso posible desde los hombros hasta la planta de los pies. A continuación, vuelva a la posición inicial basculando la pelvis. Para ambos ejercicios, no olvide inspirar cuando se levante y espirar al volver al suelo. Al principio, limítese a realizar estos ejercicios tres o cuatro veces. Podrá aumentar la duración del ejercicio cuando advierta que le sienta bien.

# PERINÉ

### ① y ② Sentada

Se aconseja iniciar la rehabilitación del periné en casa lo antes posible, antes de realizar las sesiones que le hayan recomendado. De hecho, ejercitarlo precozmente facilita la circulación sanguínea, al mismo tiempo que acelera la recuperación de los tejidos musculares. Los siguientes ejercicios están orientados a preparar estas sesiones, pero no las sustituyen. Se pueden realizar en cuanto haya dejado de sangrar y cuando la zona de la episiotomía haya cicatrizado y ya no le duela. Para el primer ejercicio, separe ligeramente las piernas y coloque las manos en la cara interna de las rodillas. En esta postura, contraiga el periné espirando y apretando las rodillas contra las manos. Si le cuesta localizar el periné, imagine que tiene muchas ganas de orinar y que retiene la orina (pero sin apretar los músculos de las nalgas). Para el segundo ejercicio, con las piernas cerradas, contraiga el periné intentando separar las rodillas.

## ③ y ④ Tumbada

Túmbese en el suelo encima de una alfombra, con ambas piernas levantadas y apoyadas en una mesa baja o en un taburete. Relájese y, mientras espira, desplace la rodilla derecha hacia fuera, sin mover el pie. Vuelva a colocar la pierna en la posición inicial mientras contrae el periné.

Relájela y repítalo con la otra pierna. Como antes, intente no contraer la zona abdominal, las nalgas ni los muslos. Cuando llegue a dominar estos sencillos ejercicios, podrá contraer el periné fácilmente sin tener que adoptar ninguna postura en particular.

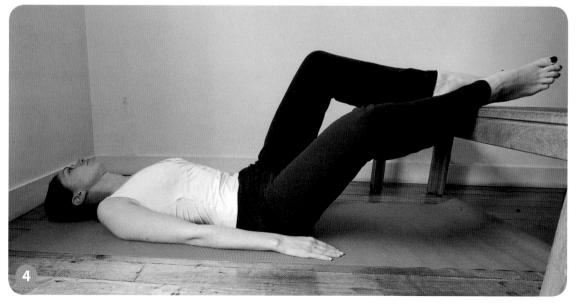

# ABDOMINALES Y PECHO

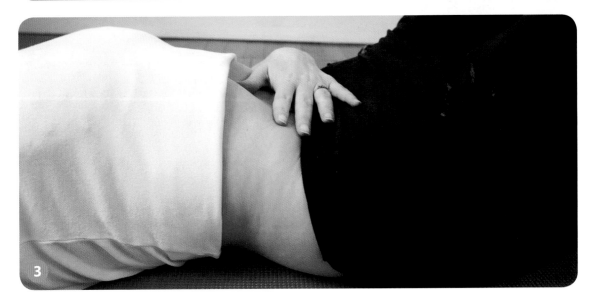

## ① ② y ③ Tonificar el abdomen

Después de un parto, el vientre necesita cuidados. Por este motivo, se aconseja no transportar cargas pesadas (superiores al peso del bebé) y, sobre todo, no correr durante los dos meses posteriores al parto. Todos los músculos del abdomen han quedado distendidos, y se precisan unas seis semanas para que se vuelvan a tensar por sí solos. No obstante, si se siente bien, puede plantearse realizar algunos ejercicios muy suaves. Tumbada en el suelo encima de una alfombra, con las rodillas flexionadas y los pies planos, inspire profundamente ①, después espire mientras encoge el ombligo y contrae ligeramente los abdominales ②. En la medida de lo posible, intente mantener recta la parte inferior de la

espalda y procure reducir el arqueo cuando espire. Para advertir el movimiento, puede colocar una mano en el vientre ③. Aunque practicara gimnasia antes del embarazo, todavía resulta muy prematuro realizar ejercicios de musculación abdominal más intensos. Para practicarlos, debe esperar a que finalice la rehabilitación perineal; los médicos desaconsejan hacer fuerza con el abdomen antes de fortalecer el periné.

## ④ Tonificar el pecho

Algunos ejercicios permiten tonificar el pecho después de un embarazo. Este ejercicio es muy simple. Siéntese con las piernas cruzadas, con el trasero ligeramente elevado encima de un cojín, y con la espalda completamente recta. Extienda los brazos hacia delante, a la altura de los hombros. Junte a continuación las manos a la altura del esternón y apriételas mientras espira. Relaje la presión y repita el ejercicio unas diez veces. El resto del cuerpo debe permanecer inmóvil. Si se atreve, puede completar el ejercicio con una ducha fresca mientras realiza pequeños movimientos circulares con el chorro de agua que sale de la ducha para masajear los senos.

4

### Actividades físicas que debe evitar

Recuperar la forma física después de un parto es un proceso progresivo. En general, se puede caminar un poco y nadar sin forzarse demasiado cuando le apetezca. El ciclismo, el tenis y la natación deportiva, en cambio, están prohibidos durante los cuatro primeros meses; las carreras y el jogging durante seis meses, y saltar a la comba y la cama elástica se desaconsejan totalmente. Algunos ejercicios de gimnasia resultan beneficiosos cuando ha terminado la recuperación del periné. Otros se desaconsejan durante más tiempo: las tijeretas, la bicicleta, la posición de vela y todo lo que consista en levantar las dos piernas al mismo tiempo mientras está tumbada. No dude en pedir consejo a su fisioterapeuta o a un profesor de gimnasia especializado.

**SABER**

## Saber descansar, recuperarse

Cuando regrese a casa con el bebé, debe no hacer demasiadas cosas y saber **cuidarse** para recuperarse. Por ejemplo, durante las 2-3 primeras semanas (o incluso más, según las reacciones de su cuerpo), se desaconseja realizar ciertas tareas domésticas, como pasar el aspirador, transportar cosas pesadas, hacer bien una cama, etc. De forma general, debe recordar que **algunas partes del cuerpo siguen siendo frágiles,** como el **periné** (suelo muscular de la pelvis), pero también el **abdomen,** la **espalda** y todas las zonas que han estado sometidas a una intensa presión durante el embarazo. Es normal **sentirse cansada** y sin demasiada energía después del nacimiento de un bebé. Dese tiempo, siga estos pequeños consejos y todo volverá a la normalidad, poco a poco, de forma natural.

**¡Y las medicinas naturales!**

Piense también en la ayuda que pueden proporcionarle las medicinas naturales: acupuntura, osteopatía, homeopatía, fitoterapia...

### ¿Una estancia en un centro de talasoterapia?

Cada vez más centros ofrecen curas **posnatales.** Puede ir sola, con su pareja y también en compañía del bebé, porque algunas curas pueden realizarse en común. Para sacar el provecho necesario a estas curas, es preferible esperar tres o cuatro meses después del parto (si está dando el pecho, deberá esperar al destete). Los **beneficios físicos y psíquicos** de estas curas son evidentes (masajes, envoltorio de algas, duchas a chorro, gimnasia en el agua, natación para bebés...), pero las estancias resultan bastante **caras.** Para saber más, puede acudir a la Sociedad española de talasoterapia (www.set.com.es/index.php) o a www.abalnearios.com/talasoterapia/index.htm.

## PSICOLOGÍA

### ¡Prohibido sentirse culpable!

¿Tiene tendencia a sentirse culpable con facilidad? Este periodo a veces es difícil de asumir, tanto física como psíquicamente; es normal. No se sienta culpable si se nota cansada, desbordada y sin fuerzas. Déjese ayudar al máximo por su pareja, sus amigos, su familia y, si es posible, por una canguro. No dude en pedir que le traigan la compra a domicilio (en general, no resulta más caro). Si se siente desbordada, no espere a no poder más para pedir ayuda a los profesionales y, sobre todo, para pedir apoyo psicológico.

## Cuidado con la fiebre

Hoy en día, las complicaciones posnatales son poco habituales. Razón de más para tomarse la temperatura si tiene la sensación de tener fiebre. La fiebre, de hecho, es el mejor indicador de una posible infección. Asimismo, debe controlar los dolores abdominales (sobre todo si van acompañados de pérdidas de sangre), en las piernas o en los senos. En estos casos, consulte al médico.

## Recuperación del periné

El periné está formado por un conjunto de músculos presentes en la vagina y la vulva. Suele ser la zona del cuerpo más maltratada durante un parto. Como consecuencia, se pueden producir pérdidas de orina y una peor contracción de la vagina (que se hace evidente en las relaciones sexuales). Hoy en día, se recomienda habitualmente la recuperación de este suelo muscular. Puede empezar tranquilamente en casa, y después realizar algunas sesiones con un fisioterapeuta, una matrona o un médico.

## Paliar la falta de sueño

Es el principal problema de las mamás jóvenes cuando regresan de la maternidad. Entre las tomas y el llanto del bebé, las noches parecen dejar de existir durante un tiempo. Es preferible intentar recuperar el sueño durante el día, justo cuando el bebé duerme, o incluso hacer los mismos horarios que él. Para conseguirlo, sus jornadas tienen que ser relativamente tranquilas. Aplace las tareas domésticas que puedan esperar, no se salte ninguna comida, o solicite ayuda durante este periodo de tiempo. Tampoco dude en pedir a familiares y amigos que no la visiten si se siente cansada; vale más recibirles un poco más tarde, pero con mejor disposición, o solicite la ayuda de alguien para que la alivie un poco.

## ¿Cuándo volver a practicar deporte?

En las primeras semanas, no tendrá ninguna prisa. Sin embargo, aunque cualquier esfuerzo físico importante está desaconsejado antes de los dos meses, puede empezar con la recuperación del periné y después suavemente con algunos abdominales, o ejercicios para la espalda como los indicados en este libro (ver páginas 94 a 99). También puede simplemente caminar o ir a la piscina. Para retomar una verdadera actividad deportiva, deberá esperar entre cuatro y seis meses. En cuanto al jogging, es mejor no practicarlo durante un año.

## ¿Cómo cuidarse la espalda?

Durante varios meses, deberá continuar cuidándose la espalda. Piense en adoptar estos hábitos simples y eficaces:

- cuando se agache, doble las rodillas en lugar de inclinarse hacia delante;
  - si da el pecho, debe encontrar una postura que no le genere tensiones en la espalda, los hombros, la nuca o los brazos;
  - si lleva al bebé en una mochila, colóquelo a la altura correcta; debe poder darle un beso en la cabeza sin inclinar el torso;
  - compruebe que no acaba «molida» después del cambio de pañales, del baño, de los mimos en el momento de acostarle, etc. De lo contrario, examine cómo lo tiene todo instalado y procure que el cambiador esté a una altura correcta para evitar agacharse;
  - para aliviar la espalda mientras descansa, evite ponerse boca abajo (además, si todavía tiene la zona del abdomen sensible, puede dolerle); túmbese de lado, con la pierna superior flexionada y apoyada encima de un cojín.

# Un día con el bebé

*Para vivir lo más serenamente posible los primeros días de vuelta a casa con el bebé, es mejor tener una adecuada organización. He aquí algunos consejos para hacer frente a este nuevo día a día y aprovechar bien las fuerzas.*

## Un día tipo

Como hemos visto, un recién nacido duerme prácticamente todo el día, pero pocas veces más de tres horas seguidas, al menos hasta el primer mes. Si el bebé se despierta a menudo, suele ser sobre todo para alimentarse, porque necesita comer con frecuencia, mientras sus reservas no son suficientes, durante las veinticuatro horas del día. Lo mejor, durante las primeras semanas, es seguir el mismo ritmo sueño-comida de su hijo. Por ejemplo, después de la primera toma de la mañana, volver a dormirse con él aumentará su sueño diario, porque no podrá dormir toda la noche. Aproveche el momento del día en el que esté ligeramente recuperada (al final de la mañana, principio de la tarde) y entre dos momentos en que el bebé esté despierto para realizar las mínimas tareas domésticas, para cambiarle (seis veces al día de media durante los primeros meses), preparar el baño, los biberones, etc. Lo mismo es válido para el paseo: elija la hora adecuada para él y para usted. De este modo, ambos sacarán el máximo provecho. El final del día, lógicamente, está reservado al baño o al aseo, y a una vuelta a la tranquilidad para preparar la «noche». También suele ser al final del día cuando se puede contar con una ayuda externa (marido, padres); piense en ello para su organización diaria.

### ¿Y por la noche?

Las tomas de la noche se producen en un ambiente más tranquilo. Procure marcar esta diferencia con respecto al día: luz tenue, silencio nocturno, mimos más breves. Así ayudará al bebé a distinguir entre el día y la noche.

## El ritmo de las tomas

Hasta el mes, el recién nacido necesita realizar seis tomas al día (es decir, cada 24 horas), a veces más si le da el pecho. ¡Es él quien fija la hora! Solo es necesario que respete un mínimo de dos horas entre toma y toma. Por el contrario, no deje dormir a un recién nacido más de cinco o seis horas sin alimentarle. Pero debe

La cantidad de leche absorbida por el bebé varía según los momentos y las tomas, lo cual es completamente normal.

saber que, hasta un mes de vida, los horarios de las tomas no son regulares. Entre uno y dos meses, su bebé se despertará con menor frecuencia y el número de tomas se espaciará y, sobre todo, las de la noche se desplazarán a la mañana. Un niño de más de 4 kg puede dormir, en principio, entre 6 y 8 horas sin comer. Entre los dos y los tres meses podrá imponer un ritmo regular a su bebé dando algunas referencias: las mismas horas de salir, del baño, etc.

## La dificultad de las primeras semanas

La mayoría de los padres necesitan cierto tiempo de adaptación antes de que ocuparse de su bebé sea un verdadero placer. Es absolutamente normal. El día a día es absorbente, agotador e incluso angustiante, y ante ese bebé tan dependiente y tan vulnerable podemos tener miedo de actuar mal. Si siente la necesidad de ser apoyada y ayudada, no lo oculte. Quizás un familiar más experimentado podrá tranquilizarla o guiarla. Si no es el caso, o si no desea recurrir a un miembro de la familia, no se sienta culpable y hable con su pediatra. Sabrá aconsejarle y orientarla hacia personas cualificadas.

No dude en salir con frecuencia sin su hijo. El hecho de no permanecer todo el tiempo frente a frente con él evitará que se obsesione con los detalles. Si no puede confiar su bebé a otra persona, aproveche cuando el papá esté en casa.

## ¿Y con gemelos?

Todas las mamás de gemelos optan por lo mismo: es preferible tratar a los dos bebés al unísono para no complicarse demasiado el día a día. Dicho esto, hay que tener contacto directo con cada uno de ellos e ir alternando el orden de alimentación. Debe tener el coraje de hablar y de soportar los llantos del que tiene que esperar; poco a poco se irá acostumbrando a hacerlo. Dicho de otro modo, la hora de la toma será la misma para los gemelos, así como la hora del cambio, el momento del eructo, del sueño, etc. En cambio, deberá bañarles de forma alterna: a cada uno le irá tocando «su noche» por turnos. Encontrarse con dos bebés en casa no es precisamente fácil, de modo que una buena idea es que el papá pida la baja por paternidad a partir del momento de salida del hospital. No sirve de nada hacer exactamente lo mismo a los dos bebés, ya que normalmente se debe hacer más con el que más lo necesita. Cuando hay dos niños y dos padres, las cosas se equilibran mejor. Existen asociaciones que pueden aportarle una ayuda valiosa tanto en cuanto a consejos como en cuanto a cuestiones prácticas (suministro de leche y de pañales, por ejemplo): Asociación española de gemelos (www.gemelos.info).

# ¿Qué hacer si el bebé llora?

*Los bebés lloran a menudo y mucho. No se alarme, ya que es normal; es su única forma de comunicarse para obtener una respuesta a sus necesidades.*

## Durante las primeras semanas

*No escuche a aquellos que dicen que los bebés se malacostumbran cuando los padres responden sistemáticamente a sus llantos. Durante los primeros meses, su hijo es totalmente dependiente de usted y tiene una importante necesidad de que le mimen. Cuanto más le responda, más tranquilo se sentirá y mejor podrá separarse después.*

En los primeros tiempos (hasta los 2 meses), le resultará difícil comprender el motivo de los llantos de su pequeño. Sin embargo, un recién nacido no llora sin motivo y todavía menos por capricho. Los gritos y los llantos son para él un lenguaje, y a través de este lenguaje expresa una necesidad o una incomodidad física. Si no logra entender la razón de un ataque de llanto, acepte el hecho de no entenderlo, pero respóndale y actúe: lo primero que el bebé expresa es que le necesita. Salvo si llora para dormirse, los bebés no se calman solos. En todos los casos, vaya a verle, háblele, cójale en brazos y no dude en alimentarle si así lo desea, poco importa si realmente tiene hambre o no. Con bastante frecuencia es suficiente para que se tranquilice y se calme. Un recién nacido está perdido si no tiene referencias, y usted es su principal «puerto de amarre».

### Reconocer sus llantos

Poco a poco, irá aprendiendo a reconocer los llantos del bebé, simplemente escuchándole y observándole a diario: ¿qué quiere mostrar, qué intenta decirle? Sus quejas suelen tener la misma causa: hambre, dificultades en eructar o en defecar, frío o calor, el pañal sucio, un ruido desconocido, la nariz obstruida, el cansancio... En dos meses, aprenderán mutuamente a conocerse más: usted se sentirá más segura de sí misma al entenderle mejor, y él modulará sus reacciones en función de las suyas.

## Los llantos de la noche

Durante las primeras semanas, es frecuente que el bebé tenga un «ataque de llanto» al final del día, al final de la tarde o al principio de la noche. Llora de forma intensa, se retuerce y muestra todos los signos de un profundo malestar. Durante mucho tiempo se pensó que estos llantos de la noche correspondían a la angustia por el anochecer. Hoy en día, muchos pediatras piensan que estos llantos corresponden más bien a una especie de descarga emocional al final del día. Sin embargo, el momento puede ser muy duro para usted, porque los llantos a veces se pueden prolongar unas

dos horas. Para intentar calmar al bebé, existen varias soluciones: darle de comer, hacerle mimos, bañarle si le gusta el agua, ponerle el móvil musical... Si nada funciona, no le diga demasiadas cosas y deje que llore, pero permanezca cerca. Acepte la idea de que estos llantos son normales, que su hijo se «desahoga» de todo el día y que la situación es más angustiante para usted que para él. No dude en aprovechar la llegada del padre para apoyarse en él, ya que a menudo conseguirá calmar al bebé con mayor facilidad. Finalmente, tenga en cuenta que estas «crisis vespertinas» desaparecen entre los 2 y los 3 meses.

## ¿Y si estuviera enfermo?

En este caso, a los llantos se asocian otros trastornos del comportamiento: la alteración del sueño, la falta de apetito, la desaparición de las sonrisas y de los balbuceos... Esto debe alertarle sobre todo si va asociado con síntomas reales como diarrea, fiebre, vómitos, tos, dificultades respiratorias, etc. Cualquier comportamiento no habitual prolongado implica pedir consejo a su pediatra, incluso si el bebé llora de forma continua, sin parar, haga lo que haga.

El bebé también puede llorar porque le duele algo, pero los llantos de dolor son fácilmente identificables, porque suelen ser más agudos que los llantos «habituales».

## Los llantos de sueño y los despertares nocturnos

Es habitual que los llantos de un bebé, sobre todo si se prolongan, resulten insoportables. Sin embargo, es poco frecuente que los llantos de un recién nacido expresen dolor. Si no consigue calmarlos, pida al papá que le releve. Los padres tienen a veces un poder calmante del que las madres carecen. Si no consigue hacerles frente, es importante comprobar que el bebé no tiene un problema médico consultando al pediatra. No dude en pedirle ayuda a él o incluso a un psicólogo en caso de dificultades mayores. Algunas entrevistas pueden ser suficientes para encontrar la forma de calmar la situación.

Si el bebé se pone a llorar en cuanto deja de tenerle en brazos o en cuanto lo pone en la cuna para dormir, no reaccione inmediatamente y déjele un poco de tiempo para que se duerma; algunos niños lloran un poco para dormirse. Si los llantos se intensifican, tampoco debe cogerle inmediatamente en brazos; póngale una mano en el abdomen o en el pecho, y háblele suavemente o tararéele una nana. Todos estos consejos son válidos para los despertares nocturnos, porque no se debe dejar llorar a un bebé con el pretexto de que ya lo entenderá (no hay nada más desagradable que encontrarse solo y llorar sin obtener respuesta durante la noche). Después de asegurarse de que el bebé no tiene demasiado calor, que está limpio y que no hay nada que le moleste, háblele suavemente, hágale sentir que está allí, que se ocupa de él, que puede estar tranquilo. Dele la oportunidad de volver a dormirse solo, antes de cogerle en brazos, de acunarle, etc. Así contribuirá a hacerle autónomo con mayor rapidez.

# Seguimiento médico

*Durante el primer año de vida del bebé, entre las consultas por un pequeño problema de salud y las visitas de control regulares, deberá acudir a menudo al pediatra. Así pues, es el momento de encontrar al pediatra adecuado, uno que le desee conservar hasta la adolescencia...*

## Consultas frecuentes

Poco después del nacimiento, al bebé le hicieron una revisión médica completa. Sin embargo, es recomendable visitar de nuevo a un pediatra en los quince días siguientes a la vuelta de la maternidad, y después una vez al mes hasta los 6 meses de edad. A partir de entonces, salvo casos particulares, una consulta por trimestre será suficiente. Este seguimiento médico permite ante todo comprobar que ninguna anomalía interfiere en el crecimiento y en el desarrollo del niño. En la mayoría de las ocasiones todo va bien, y esta visita constituye una ocasión idónea para plantear todas las preguntas que surgen a diario. Así pues, es básico tener una relación de confianza y cierta afinidad con el pediatra, si esto no es así no dude en cambiar de médico.

## Para evitar el miedo a los médicos

Para que la visita médica se desarrolle del mejor modo posible, puede explicar al bebé lo que va a pasar y hacerle sentir, con su tranquilidad, que no hay ningún motivo para tener miedo. Como en otras circunstancias, sin embargo, su hijo manifestará su descontento si los gestos del médico carecen de delicadeza, si tiene frío y, todavía más, si le hace daño. Así, las extracciones de sangre o las vacunas son momentos delicados. Sin embargo, existen pomadas anestesiantes adaptadas a los más pequeños. Si se aplican una hora antes, evitan el dolor y el miedo a los pinchazos. No dude en comentárselo a su pediatra en una consulta previa a la vacunación, porque estos productos solo se venden con receta.

## Elegir al pediatra

Un pediatra es un médico especialista en niños que puede ejercer como liberal, en un hospital o en un centro de salud. Para elegirlo, pida consejo a sus allegados o al personal de la maternidad.

● Si reside en la ciudad, tenga en cuenta diferentes criterios: la distancia a la que se encuentra la consulta (importante en caso de urgencia), las tarifas, la disponibilidad del profesional (consejos telefónicos, consulta en sábado, visitas a domicilio, etc.).

● En una zona rural, donde la elección suele ser más limitada, le resultará más cómodo dirigirse a un

médico de cabecera acostumbrado a tratar con niños, y en este caso tendrá que confiar en las referencias.

En la primera consulta, es importante que se sienta cómoda, que tenga tiempo de hablar, y que la relación entre el bebé y el pediatra parezca satisfactoria. Si no así, no dude en buscar a otro profesional.

## La cartilla sanitaria

Al salir de la maternidad, le entregarán una cartilla sanitaria a nombre del bebé. Llévela encima en cada visita, para que el médico apunte diferentes datos: talla, peso, perímetro craneal, vacunas, posibles recetas (medicamentos, vitaminas), etc. Este cuaderno será la memoria médica de su hijo. Se la pedirán en numerosas ocasiones: si cambia de médico, en caso de hospitalización, durante la escolaridad o en las colonias vacacionales. Por precaución, escriba en esta cartilla sus datos de contacto y los del pediatra. También puede anotar algunos números útiles, como el de urgencias del hospital más cercano. Si su hijo tiene problemas de salud, es importante dejar esta cartilla a la persona que cuide de él.

> Aunque estén en perfecto estado de salud, los bebés deben pesarse y medirse cada mes hasta los 6 meses de edad, y después cada dos o tres meses.

## Calendario de vacunaciones

En España, el calendario de vacunación varía según la comunidad autónoma, pero, en términos generales, comienza a los dos meses, cuando se aplican las vacunas contra la difteria, el tétanos y la tos ferina, así como la vacuna antipoliomielítica oral trivalente, que se repetirá al cabo de dos meses y nuevamente a los siete meses de vida. Hacia los quince meses de edad se aplicará la vacuna triple vírica, contra el sarampión, la rubéola y la parotiditis (paperas). Posteriormente se aplicarán los refuerzos necesarios, y hacia los once años la vacuna contra la rubéola solo en niñas. La vacuna de la hepatitis B se aplica en tres dosis, hasta los dieciocho meses. También pueden incluirse otras vacunas específicas, como la antigripal o la vacuna contra la meningitis por neumococo (Prevenar), si surge una epidemia o si el niño se encuentra en un grupo de riesgo.

Si tiene alguna duda sobre las vacunas, consúltelo con su pediatra. En Internet encontrará información sobre el calendario de vacunación en páginas como la de la Asociación española de vacunología (www.vacunas.org), en la página del Ministerio de sanidad y consumo (www.msc.es), o en la página www.siemprevacunados.org, cofinanciada por el proyecto de la Unión Europea VACSATC y por el Colegio oficial de médicos de Barcelona.

# En caso de emergencia

*Las urgencias médicas de los más pequeños siempre resultan muy angustiantes. He aquí algunos consejos para reconocerlas y saber reaccionar.*

## Qué hacer en caso de:

● **Quemadura:** independientemente de la causa (líquido hirviendo, contacto con un producto químico, llama de una vela), aplique un chorro de agua fría a una altura de 15 cm sobre la piel quemada durante al menos 5 minutos. Si la quemadura es ligera y tiene una pomada adecuada, aplíquela generosamente y proteja la herida con una compresa estéril. No retire nunca una prenda de ropa que haya quedado adherida a la piel, y, si existen ampollas, no intente perforarlas. En caso de duda sobre la gravedad de la herida, consulte a un pediatra o diríjase a urgencias o a un centro especializado (recuerde anotar el número de una unidad de quemados en los números de urgencias).

● **Hemorragia:** el sangrado a través de una herida solo se producirá como consecuencia de una caída, que solo puede producirse a partir del momento en que el bebé se desplace (a partir de los 6 meses). No obstante, puede existir sangre en los vómitos o en las heces del bebé, en cuyo caso se debe pedir imperativamente consejo al pediatra. También puede sangrarle la nariz: en este caso, póngale un poco de algodón en el orificio nasal para hacer hemostasis. Después de la caída del cordón, también pueden producirse pequeños sangrados: bastará con comprimir bien la zona con una compresa para detenerlos.

● **Asfixia:** si la garganta queda obstruida por un objeto y el bebé no puede respirar, o si se pone azul, llame inmediatamente al 112. Mientras tanto, para intentar que expulse el objeto, no sirve de nada ponerle del revés y sacudirle. Intente mantener la sangre fría, coja al bebé contra usted en posición vertical con la espalda apoyada en su pecho y apriete con fuerza, presionando sucesivamente el estómago, de abajo hacia arriba. En caso de necesidad vital, si el bebé está inconsciente, puede intentar el boca a boca (aunque para ello se aconseja dominar previamente la técnica): ponga su boca encima de la del bebé, tápele la nariz y sople cada 2 segundos.

● **Caídas, fracturas, luxaciones:** después de una caída, si el bebé está en estado de shock (palidez, respiración rápida, estado amorfo) o si ha perdido el conocimiento, llame al 112. Si llora, está simplemente pálido, no sangra

## No abuse de las urgencias del hospital

Diríjase al hospital solamente cuando se trate de un caso realmente urgente, porque poner en contacto al bebé con un ambiente muy cargado de gérmenes en la sala de espera de urgencias representa un riesgo real, y su hijo podría contraer una enfermedad que no tenía al entrar. En caso de duda, empiece llamando al pediatra, o a un médico de guardia (incluso a una ambulancia), quienes juzgarán la necesidad o no de trasladar al pequeño a un centro hospitalario.

y puede mover las cuatro extremidades, todo va bien. Asegúrese de que mueve las extremidades y, en caso de duda, diríjase a urgencias. En caso de hematoma, presione la zona con un cubito de hielo o aplíquele árnica en pomada. Finalmente, si ha recibido un golpe fuerte a nivel de la espalda o del cuello y parece estar anonadado (mira sin entender lo que pasa y no reacciona), no le mueva y háblele mientras espera los servicios de urgencias.

● **Intoxicación:** en caso de ingestión o de contacto con un producto tóxico, no intente hacer vomitar al niño, no le dé nada de beber y contacte cuanto antes con el centro de información toxicológica del que dependa. Si se dirige al hospital, recuerde llevar el producto con el que se ha intoxicado el bebé (o la etiqueta del envase).

> Independientemente de la urgencia, recuerde que su bebé está muy receptivo con todo lo que le rodea. Si le entra pánico o si pierde la calma (usted o su entorno), él lo advertirá y se sentirá aún peor. Manténgase lo más en calma posible, respire, no precipite sus actos, no eleve el tono de voz: se pueden hacer las cosas con gran rapidez sin precipitarse. Y tranquilice a su hijo, háblele con calma, dígale que se ocupa de él, hágale mimos...

## Se trata de una urgencia cuando:

● el pequeño tiene una fiebre persistente aislada (más de 48 horas) superior a 38 °C o una fiebre asociada a un mal estado general; antes de los 2 meses, la fiebre requiere obligatoriamente una revisión en el hospital para descartar una infección neonatal grave;

● el bebé tiene una diarrea muy importante, con heces muy frecuentes, y usted tiene la sensación de que se va quedando vacío;

● al bebé le cuesta respirar y se niega a comer; está apático o, al contrario, muy excitado;

● los vómitos no le dejan absorber nada líquido, con riesgo de deshidratación.

## Números de urgencias

Anote los números de urgencias en una ficha o en un post-it, que siempre deberá tener a la vista en un lugar seguro. Así evitará perder tiempo o ponerse nerviosa en unos momentos en los que ya estará bastante angustiada. También puede grabarlos en el teléfono fijo o en el móvil, aunque con la precipitación a veces resulta complicado leerlos.

● el 112, teléfono de emergencias;

● el número del pediatra;

● el número del centro de información toxicológica de su ciudad o de su provincia;

● el número de la unidad de quemados;

● el número de urgencias médicas de guardia por la noche o el fin de semana de su ciudad o de su provincia.

Finalmente, localice el hospital más próximo a su domicilio que disponga de un servicio de urgencias las veinticuatro horas del día.

# Desarrollo del bebé

*Los primeros meses de vida resultan muy intensos: descubrimiento del entorno, aprendizaje de la comunicación, establecimiento de nuevas capacidades corporales, etc. Su bebé se desarrolla con gran rapidez.*

## Unos buenos sentidos

Excepto el sentido de la vista, el resto de sentidos ya se desarrollan en el vientre materno. En los días posteriores al nacimiento, los que están más activos son el tacto, el olfato y el gusto. Un recién nacido percibe incluso mejor los olores que un bebé de 5 o 6 meses. Oye bastante bien, reconoce con bastante rapidez la voz de sus padres, y reacciona de forma distinta dependiendo de si se le habla en un tono dulce o agresivo. El oído, sin embargo, no alcanza su madurez hasta los 4 meses, momento en que el niño sabrá reproducir ciertos sonidos, como la risa. Las capacidades visuales, por su parte, evolucionan con mayor lentitud. En las primeras semanas, la percepción de los demás se limita a unos contornos más o menos borrosos, a una alternancia de zonas brillantes u oscuras. Se irá haciendo más precisa semana a semana, y la capacidad de distinguir los colores aparece hacia los 4 meses. Hay que esperar hasta el año de edad para que la visión del niño sea semejante a la de un adulto.

## Una multitud de sensaciones

### El crecimiento

La talla y el peso varían dependiendo de cada persona, y por tanto de cada bebé. Solo importa la regularidad del crecimiento. Durante el seguimiento médico (ver página 106), el pediatra comprueba sobre todo que la talla y el peso evolucionen con regularidad, sin experimentar ningún retraso duradero, ni ningún aumento brutal. De forma general, entre los 0 y los 6 meses, los bebés duplican su peso. En cuanto a la talla, crecen de promedio unos 2 o 3 cm al mes hasta los 3 meses y después de 1,5 a 2 cm al mes hasta los 6 meses.

El universo del bebé está formado por una multitud de sensaciones. Algunas proceden de su cuerpo, y otras de su entorno, sin que esta distinción signifique nada para él. Los ruiditos de su estómago, el contacto con la sábana y la voz que le habla no representan más que una mezcla de percepciones agradables y desagradables. Las recibe en bruto, sin interpretarlas. Siente, pero no entiende. Solo la repetición de las mismas experiencias, día tras día, le permitirá progresivamente relacionar un objeto o una situación a una u otra sensación (por ejemplo, relacionará el seno materno y el olor de la leche con el placer de comer). Sin embargo, pasarán algunos meses antes de que todo lo que le rodea adquiera sentido. En este mundo misterioso, sus únicas referencias son sus padres y, sobre todo al principio, su madre.

> Si el bebé desvía la cabeza cuando usted busca su mirada, no insista. Es hora de descansar un poco.

## Lenguaje del bebé

El bebé, en un primer momento, se comunica a través del llanto, que indica su malestar (ver página 104). Pero rápidamente reacciona también a través de la mirada o de los movimientos del cuerpo cuando se le demuestra cierta atención. Saca la lengua si nosotros se la sacamos, a veces esboza una sonrisa y puede sostener la mirada algunos instantes después de mamar. Cuanto más se prolongan los momentos en que está despierto, más se multiplican y se enriquecen estos intercambios. Hacia los 2 o 3 meses, su cara es cada vez más expresiva, y las sonrisas van acompañadas de balbuceos. Aunque no empiece a captar el significado de las palabras hasta los 6 meses, el bebé ya percibe la intención que las motiva y responde a su manera. A partir de ese momento, gesticula cuando está contento, y su cuerpo está cada día más tónico.

## Evolución motriz

> Hacia los 3 meses, el bebé empieza a descubrirse las manos, las observa y juega con ellas. Pronto podrá ofrecerle sonajeros y otros juguetes.

Transcurridos 3 meses, los progresos físicos del bebé no dejarán de sorprenderle. Patalea más en el cambiador, sabe arquearse y estirar las extremidades. Ya empieza a bascular de lado cuando está de espaldas para intentar darse la vuelta. Cuando está sentado en sus rodillas, sostiene mejor la cabeza recta. Hacia los 6 meses, a pesar de algunos problemas de equilibrio, podrá permanecer más tiempo en esta postura, siempre y cuando tenga la espalda bien sujeta. Después, antes de 1 año, descubrirá cómo pasar por sí solo de estar tumbado a quedarse sentado. Empezará a desplazarse, a reptar o a gatear, dependiendo de su propia técnica. Un día, querrá levantarse... La actividad motriz del bebé irá mejorando con el paso de los meses: aprenderá a coordinar sus movimientos y a controlar todo el cuerpo. El entorno también juega un papel importante en su motricidad, de ahí la importancia de que permanezca atenta a sus progresos. Todo este aprendizaje, sin embargo, es natural y se hará al ritmo del bebé, según su desarrollo fisiológico y sin tener que incitarle a ello. Hay que tener en cuenta que cada bebé es diferente.

# Tejer relaciones afectivas

*Los lazos afectivos con un recién nacido son esenciales. Aunque general-
mente aparecen por sí solos, quizás tenga que construirlos, tanto usted
misma como papá...*

## El bebé tiene una necesidad fundamental de contacto

Su bebé es quien le impulsará a quererle sin reservas. Totalmente dependiente, manifestará de todas las maneras posibles hasta qué punto usted
le es indispensable. Su hijo tiene una necesidad vital de contacto físico y
psíquico: estar junto a usted, escuchar su voz, percibir su olor. Un recién
nacido debe sentirse amado, ya que para él es tan importante como la
leche con la que le alimenta. En su apego con usted es donde encontrará,
poco a poco, suficiente confianza en sí mismo para hacerse autónomo.
Cuando el bebé está en calma (despierto y tranquilo, ver página 58), con
los ojos muy abiertos, respirando tranquilamente, es cuando está más
abierto al intercambio. Deberá reconocer estos momentos y respon-
der a sus expectativas mediante palabras, sonrisas, mimos...

## Responder a los momentos de desamparo

Aunque todas las madres tienen un impulso de apego que las hace ins-
tintivamente receptivas a las demandas de su recién nacido, no siempre
es fácil descodificar las señales. Lo más importante es que reaccione a
sus momentos de desamparo. Cada vez que responda a la llamada del
bebé y cada vez que él encuentre consuelo en sus brazos, no solo estará
satisfaciendo una de sus necesidades inmediatas, sino que le estará
dando a entender que no está gritando en «el vacío», que puede
contar con usted y que su malestar no durará demasiado. Esto le
hará sentirse competente y confiar más en usted misma, además
de reforzar los lazos afectivos entre los dos.

### Le imita

A partir de la cuarta semana, el
bebé es capaz de jugar con algunas
señales como la mirada, la sonrisa y las
expresiones faciales. A partir de la sexta
semana, intentará imitarle sacando la
lengua, abriendo y cerrando la boca, y
después lanzándose a unas vocaliza-
ciones no siempre compresibles.

# El lugar del padre

En unas cuantas décadas, el papel del padre ha cambiado completamente. Hoy, los jóvenes papás suelen estar muy implicados desde el nacimiento del bebé y se aplican tanto en las tareas diarias (compras, cambio, paseo...) como en el despertar afectivo y psicomotor del pequeño. Los hombres, generalmente, están muy orgullosos de convertirse en padres, aunque su día a día quede ligeramente alterado. En los primeros meses, el papel del padre es primordial, porque contribuirá a construir y a mantener un entorno seguro y estable para el bebé y para usted. El padre también es un actor esencial de la nueva familia que se está creando. Puede calmar las tensiones (cuando el niño se despierta, durante el llanto nocturno, por ejemplo), y permite al bebé experimentar otras sensaciones con el contacto de este segundo progenitor. Su presencia le resultará de gran ayuda: podrá apoyarse en él y salir de su «burbuja» del posparto evitando caer en la duda y el agotamiento.

En las parejas, lo importante es apoyarse uno en el otro. Esto resulta tan válido para el padre como para la madre. En cuanto uno lo necesite, debe pasar el relevo al otro para tomarse un respiro.

## Cada uno en su lugar

Una relación familiar equilibrada implica que cada uno pueda expresar su opinión. Durante las primeras semanas, la pareja debe aprender a conllevar esta paternidad compartida. Los pequeños conflictos son inevitables; se resuelven debatiendo y encontrando soluciones conjuntamente. Esto no siempre resulta fácil, pero su hijo necesita referentes y no padres que discuten. Por otro lado, los hermanos y las hermanas no deben comportarse con el bebé como si fueran «padres».

Nadie está obligado a lo imposible. No podrá estar en constante comunicación con su bebé. No se preocupe, estos momentos de «incomprensión» entre los dos no incidirán en su relación afectiva.

## Mamá en solitario

Las mamás solas no deben sentirse culpables. Durante los primeros meses, los niños necesitan sobre todo amor y ternura, y sabrán satisfacer esta demanda. En cambio, tanto pediatras como psiquiatras infantiles están de acuerdo actualmente en afirmar que un papá es ideal para suavizar la relación de unión que existe entre la madre y el bebé durante estas primeras semanas. Pero otra persona cercana puede desempeñar este papel; además, esta «separación» se producirá de forma natural tras algunos meses, en especial al final del permiso de maternidad, cuando usted retome su trabajo y confíe su hijo a una tercera persona. Finalmente, más tarde, será importante que la palabra «papá» no se convierta en tabú entre su hijo y usted. Pero aún tiene tiempo de prepararse antes de que esto llegue...

# La seguridad día a día

*Aunque el bebé todavía no se desplace y no intente agarrar todo lo que tiene alrededor, puede ocurrir un accidente en cuestión de segundos. A continuación encontrará algunos consejos para garantizar su seguridad.*

## En casa

### En su habitación

Para decorar la habitación del bebé, puede escoger lo que más le guste, pero para elegir su cama, piense ante todo en la seguridad y la comodidad.

- Elija un colchón firme, grueso, sin huecos ni bultos y no demasiado grande para que el bebé no se sienta perdido.

- Procure que el colchón se adapte perfectamente a las medidas de la cuna o de la cama, para que no quede ningún espacio alrededor.

- Cúbralo con una funda de algodón (en lugar de una de plástico, que es más cálido y hace sudar) y con una sábana ajustable, ambas bien ajustadas al colchón.

- Adquiera una cuna nueva, ya que de este modo se asegurará de que cumple las normas de seguridad actuales (ver recuadro inferior sobre la normativa vigente).

- Si se trata de un modelo antiguo, compruebe que la separación de los barrotes no sea superior a 65 mm y que no resulten demasiado bajos, lo cual entrañaría riesgo de caída. Asegúrese también de que sea estable y de que no bascule con el bebé.

- Si se trata de una cuna con barrotes, coloque en el cabezal un protector para evitar que el bebé se golpee la cabeza.

### Lo que no hay que hacer

- No coloque estantes encima de la cama, porque podría caer algún objeto y lastimar al bebé.

- No coloque la cama cerca de una fuente de calor ni de ventanas.

- No le ponga ni edredón, ni manta ni almohada en la cama (ver página 30).

> **Si su casa es grande y quiere sentirse más tranquila, ponga un interfono en la habitación del bebé. Así advertirá el menor llanto.**

> ## Control de calidad
> Antes de adquirir material de puericultura o juguetes, compruebe que cumplan la normativa de seguridad vigente en la Unión europea (marcado CE). Se trata de un control de calidad que garantiza que el producto ha sido probado y que cumple las normas de calidad y de seguridad vigentes (de especial interés en el caso de productos importados de países asiáticos, que no siempre cumplen con estas normas de seguridad).

• Evite, asimismo, invadirle la cuna con peluches o sonajeros.

• Renuncie a la moqueta y a las alfombras en la habitación del bebé en caso de antecedentes de alergia en la familia.

**En el cuarto de baño**

• Se aconseja utilizar el cambiador o la cómoda, ya que permiten a las mamás estar cómodas y cuidarse la espalda. Coloque este mueble preferentemente contra una pared o en ángulo.

• Si utiliza un colchón cambiador, asegúrese de no colocarlo encima de una superficie deslizante.

• Cuando cambie al bebé, mantenga siempre una mano encima de él, porque en pocos segundos puede darse la vuelta y caer. Procure tener a mano todos los productos que le hagan falta.

• Procure que no haya ningún aparato eléctrico conectado al lado de la bañera (o del lavabo): cuidado con el secador de cabello, la máquina de afeitar o la radio. (Atención: los enchufes deben situarse a más de 60 cm de las tomas de agua).

> **¡Atención!**
> No deje nunca a un bebé solo en casa, aunque duerma a pierna suelta.

# En el coche

La primera regla que se debe cumplir es la prudencia al volante, más que nunca al orden del día. Sin embargo, los siguientes consejos también resultan muy importantes.

• Asegúrese siempre de que el bebé esté bien atado antes de arrancar. No se olvide de ponerse usted el cinturón.

• Procure que el bebé esté instalado cómodamente; si es necesario, utilice un reposacabezas (de espuma o hinchable) o una toalla de felpa enrollada.

> No dude en poner en el coche una pegatina de «Bebé a bordo» para indicar a los otros conductores que transporta a un bebé. Esto quizás les incite a conducir con cuidado.

• No fume en el coche, ni con la ventanilla abierta, cuando el bebé se encuentre en él.

• No abra totalmente las ventanillas mientras circule, ya que el bebé tendría demasiada corriente de aire. Además, podrían entrar insectos o polvo.

• No deje nunca a su hijo solo en el coche, ni tan solo unos minutos mientras compra una cosa.

*En los largos trayectos*

• Evite salir en las horas en que exista riesgo de atasco.

• No realice trayectos largos en caso de calor intenso.

• Deténgase con frecuencia para dar de comer al bebé, cambiarle y descansar.

• Coloque un parasol en el parabrisas posterior o en los cristales traseros para proteger al bebé del sol.

# Cuidarse una misma

*¿Acapara el bebé toda su atención? No obstante, no debe olvidarse de usted misma; tómese el tiempo necesario para reconciliarse con su imagen. Ocuparse de una misma levanta el ánimo.*

## Cuidados después de una episiotomía

Si le han practicado una episiotomía, debe seguir con el aseo íntimo a la vuelta a casa, como hacía en el hospital, sin olvidar secarse cada vez la cicatriz con un paño limpio. No olvide lavarse minuciosamente las manos antes para prevenir cualquier riesgo de infección. Si todavía le duele un poco, sobre todo cuando está sentada, puede aplicarse encima de la cicatriz un poco de hielo. Si los dolores persisten durante más de quince días, es preferible consultar al médico.

## Cuidados después de una cesárea

Si ha tenido un parto por cesárea, la cicatriz puede supurar algunos días si han utilizado un hilo no reabsorbible, incluso después de que le hayan retirado el hilo o las grapas. Se debe limpiar con agua tibia y un jabón antiséptico suave, y tapar la herida con una venda seca durante algunos días. El bulto formado por el hilo o los puntos de sutura irá disminuyendo con el tiempo. Para ayudar a la cicatrización, puede masajearlo suavemente todos los días con aceite de almendra dulce, realizando pequeños movimientos circulares. Si una zona de la piel en el borde de la cicatriz le parece que está insensible, no se preocupe, es normal. La piel irá recuperando poco a poco su sensibilidad inicial. Puede tardar algunos meses, o bien se acostumbrará a esta pequeña diferencia de sensibilidad.

### Estreñimiento y hemorroides

Estas alteraciones son bastante frecuentes después del parto. Para solventarlas, utilice supositorios de glicerina para activar la defecación, y productos que se apliquen localmente para aliviar los accesos hemorroidales (de venta en farmacias).

## Recuperar la figura

Un embarazo altera de forma más o menos patente la silueta. Si siente la necesidad de actuar a nivel estético, hágalo poco a poco, sobre todo en lo relativo al peso. Los regímenes drásticos no están en absoluto recomendados, y, además, necesita todas las fuerzas disponibles para ocuparse de su hijo. Tranquilícese, ya que habrá perdido 6 kg en el hospital, y cuando el útero recupere su tamaño habitual se habrá desprendido de 2 o 3 kg más. Quedan de 4 a 5 kg «de más», y para perderlos la mejor receta es una dieta variada y equilibrada, vigilando las calorías que aporta cada alimento. Recuerde:

● no se salte ninguna comida y opte por comer pequeñas cantidades cuatro veces al día (la merienda está bien) antes que hacer dos comidas copiosas;

● coma de forma variada como durante el embarazo (carne, pescado, huevos, productos lácteos, verdura, fruta y féculas);

● opte por productos lácteos light;

● cocine preferiblemente al vapor o a la papillote;

● beba mucha agua;

● evite los azúcares rápidos (pasteles, sodas, barras de chocolate), las patatas fritas, las pizzas, la comida rápida o los platos ricos en grasas.

> Los platos precocinados que se pueden calentar en el microondas son muy prácticos, pero antes de elegirlos lea en la etiqueta las «calorías», porque algunos son muy equilibrados, pero otros, por el contrario, resultan excesivamente calóricos. También puede preparárselos usted con antelación.

## Recuperar un pecho bonito

Después de la lactancia, sus pechos le parecerán distintos. A menudo quedan menos tónicos y a veces más pequeños. Recuperarán ligeramente su forma con la restauración del ciclo hormonal. Para recuperar una buena tonicidad muscular, siga los consejos relativos a los masajes con agua fría o a las cremas indicadas en la página 92. Practique también ejercicios para reafirmar los senos (ver página 99).

> No se impaciente con los kilos de más. Ha tardado nueve meses en engordar, de modo que también necesitará algunos meses para recuperar su peso.

## Cuidarse el cabello

Durante el embarazo, lucía una hermosa cabellera gracias a los cambios hormonales. Ahora, en cambio, se le cae mucho el cabello. De hecho, se trata de un simple fenómeno de compensación, totalmente transitorio. A pesar de todo, con algunas simples acciones, su melena recuperará todo su esplendor:

● vaya a la peluquería y córtese el cabello (para fortalecerlo);

● masajéese suavemente el cuero cabelludo cada día durante algunos minutos (para potenciar el riego sanguíneo);

● tome un suplemento de levadura de cerveza (para proporcionar brillo al cabello).

No obstante, si el cabello sigue cayendo tras varios meses, consulte a su médico o a un dermatólogo.

# Hacer frente a las dificultades

*Depresión posparto, cansancio, descenso de la libido... La fase posterior al parto implica una serie de dificultades. He aquí algunos consejos para afrontarlas mejor.*

## Depresión posparto

Este estado depresivo suele aparecer 3 o 4 días después del parto. Melancolía, llanto incontrolable, ansiedad. Todo esto es frecuente y bastante habitual. No obstante, en algunas mamás, este estado se prolonga de vuelta a casa y puede durar varias semanas. Si es su caso, sea sincera consigo misma, porque este estado depresivo puede transformarse a veces en una auténtica depresión posnatal.

**El estado depresivo después del parto no significa no soportar la situación; este estado pasajero se debe, en parte, a un descenso drástico de las hormonas después del parto.**

**Señales que deben alertarle:**

- se siente triste o irritada permanentemente;
- ocuparse del bebé y/o de usted misma le resulta cada vez más pesado;
- llora a menudo;
- ha perdido el apetito o bien come constantemente.

No dude en hablar con sus familiares y, si es necesario, consulte sin falta al médico, que sabrá ayudarle u orientarle.

## Hacer frente al cansancio

Durante las primeras semanas, el cansancio puede ser intenso. Se trata de una situación normal, ya que su cuerpo necesita recuperarse y sigue experimentando algunas transformaciones (descenso de las secreciones hormonales, reinicio del ciclo, vuelta del útero a su volumen habitual). Puede considerarse convaleciente. Para ayudarse, piense en primer lugar en dormir lo máximo posible durante el día siguiendo el mismo ritmo que el bebé, porque las noches resultarán ligeramente alteradas. Después, controle su alimentación: no se salte las comidas y coma de todo, sobre todo productos frescos, alimentos

### ¿Y la anemia?

La anemia es frecuente después del parto, y contribuye a la sensación de agotamiento. Responde a una falta de hierro y de ácido fólico, que puede encontrar en los alimentos, aunque también puede tomar complementos en forma de medicamento. Consulte a su médico.

ricos en hierro (pescado, marisco, huevos, frutos secos) y en ácido fólico (espinacas, almendras, aguacates, coles), porque después del embarazo suelen existir carencias. No olvide tomar el aire. Lo mejor es practicar una marcha tranquila (algunos minutos son suficientes), sin el bebé y en un entorno verde. Finalmente, recuerde beber mucha agua.

## Volver a hacer el amor

Muchas mujeres retoman las relaciones sexuales antes de lo que desearían para no hacer esperar demasiado tiempo a su pareja. Ambos deben hablar de sus necesidades: ¿quizás desea evitar la penetración y priorizar las caricias? La «primera vez» después de la llegada del bebé, la vagina suele estar todavía ligeramente dolorida, algo completamente normal. Pida a su pareja que vaya especialmente con cuidado. También es posible sufrir sequedad vaginal transitoria, en cuyo caso puede recurrir a un lubricante. Finalmente, el placer no resulta inmediato. No se preocupe, todo debería volver a la normalidad poco a poco, sobre todo después de la recuperación perineal.

Si siente dolores persistentes durante las relaciones sexuales dos o tres meses después del parto, es preferible consultar al ginecólogo.

## Encontrar ayuda gracias a Internet

Como estas primeras semanas permanecerá mucho tiempo en casa, ¿por qué no acercarse a los demás a través de la red? Existen muchos foros en los que podrá hablar, intercambiar fotografías, consejos y encontrar respuestas que la tranquilicen, entre otras cosas. Un gran número de revistas femeninas o de bebés incluyen interesantes foros destinados a las madres y en los que también se pueden encontrar consejos relacionados con la salud del bebé o de la madre. Sin embargo, debe recordar que en ningún caso deben sustituir la consulta al pediatra o al ginecólogo. Finalmente, quizás sea la ocasión ideal para crear un blog y confiar a la red todas sus impresiones, sus dificultades y sus dudas en este momento tan excepcional. Recuerde que la escritura actúa como terapia. En la mayoría de los casos, su proveedor de acceso le ofrecerá este servicio, aunque también puede informarse en la red acerca de cómo crear un blog. Algunos sitios, como Blogger o Blogspost, le guiarán paso a paso y de una forma sencilla en el proceso de creación de un blog.

No se obsesione con lo que no logra hacer, y piense ante todo en descansar. Vale más tener la casa menos arreglada o el correo atrasado que terminar agotada en pocas semanas.

# Maternidad y trabajo

*Si bien la alegría de tener un hijo es inmensa, las cuestiones administrativas tampoco se quedan cortas. Tanto si se trata del primer hijo como si no, es importante conocer sus derechos y obligaciones.*

## Permiso de maternidad

Todas las madres trabajadoras tienen derecho a la baja por maternidad con una duración de 16 semanas por parto único o adopción de un hijo, tiempo que se amplía en caso de parto múltiple o adopción de más de un hijo. Durante el período de baja, la mujer disfruta del 100 % de la base reguladora del salario. Se establece un período de descanso obligatorio de 6 semanas posteriores al parto, aunque transcurrido este tiempo la madre puede renunciar al permiso, en cuyo caso no podrá recuperarlo para disfrutar de él en otro momento ni acumularlo para otro parto. Por otro lado, a raíz de la Ley para la igualdad efectiva de mujeres y hombres se introdujeron diversos cambios. Por ejemplo, la baja por enfermedades derivadas del embarazo implica que la mujer conserve obligatoriamente su puesto de trabajo. Asimismo, también es posible, en el caso de las madres que den el pecho a su hijo, solicitar un permiso de lactancia, en cuyo caso se podrá ausentar del trabajo una hora al día. Para cualquier información relacionada con el tema, contacte con el Instituto de la mujer, del ministerio de Asuntos Sociales (Tel. 900 191 010).

> Los asalariados tienen la obligación de avisar con antelación a su empresa de que estarán de baja e indicar la fecha de retorno prevista.

## Inscripción en el registro civil

La inscripción de nacimiento es obligatoria y debe realizarse entre las 24 horas y los 8 días posteriores al nacimiento, si bien, en casos de fuerza mayor, este plazo se amplía hasta 30 días. La inscripción puede realizarla el padre, la madre, un familiar cercano o cualquier persona mayor de edad que haya asistido al parto. Debe realizarse en el registro civil del lugar de nacimiento o del domicilio de los padres.

## Permiso de paternidad

A partir de marzo de 2007 y a raíz de la Ley para la igualdad efectiva de hombres y mujeres, el padre puede disfrutar de un permiso de paternidad de 13 días, que se unen a los 2 días anteriormente vigentes, lo que supone un período de 15 días, que se amplía 2 días más por cada hijo a partir del segundo, y que también se puede disfrutar a jornada parcial a un mínimo de 50 %, previo acuerdo con la empresa. Resulta idóneo que el papá utilice este permiso para construir una relación privilegiada con el bebé y compartir con él estos instantes preciosos. Pero también es importante hablar conjuntamente de cuál es el mejor momento para tomarse este permiso. Al principio, sobre todo si da el pecho, la relación que tiene con el bebé puede dejar al papá un poco de lado, y más adelante podría tener la sensación de haberse perdido algo, porque el niño ya está más despierto. Tenga en cuenta también que su pareja permitirá que descanse en los momentos en los que se encuentre cansada.

# Excedencia por maternidad o reducción de la jornada laboral

La jornada laboral se puede reducir por cuidado directo de un menor de 8 años entre un octavo y la mitad de su duración. Si trabaja a tiempo parcial, su salario se reducirá proporcionalmente al tiempo de trabajo. En el caso de excedencia, el puesto de trabajo se debe reservar durante un año, ampliable a 15 meses en caso de familia numerosa de categoría general y a 18 meses en caso de categoría especial. Transcurrido este tiempo, la reserva se reducirá a un puesto de trabajo del mismo grupo profesional o categoría equivalente. En cualquier caso debe avisar a la empresa de sus planes con el suficiente tiempo de antelación.

> Si decide solicitar un permiso por lactancia, tenga en cuenta que podrá ausentarse del trabajo durante una hora al día, en un período máximo de 9 meses y que debe avisar con 15 días de antelación antes de retomar la jornada laboral ordinaria.

## Beneficios económicos

A partir de julio de 2007 se establece un pago de 2 500 € por cada nacimiento o adopción. Por regla general, la madre es la beneficiaria de esta ayuda, aunque esta cantidad le será cedida al padre en el caso de fallecimiento de la madre sin haber solicitado la ayuda, o que ella voluntariamente decida otorgársela a él. Para solicitar el denominado «cheque bebé», debe notificar el nacimiento o adopción a la Agencia Tributaria o a la seguridad social, independientemente de que se trate de una madre trabajadora o no.

> Para información acerca de ayudas familiares o beneficios fiscales, consulte a la Agencia Tributaria o a la seguridad social.

Por otra parte, el IRPF establece dos deducciones fiscales en el caso de las familias con hijos. Una de ellas hace referencia a los hijos menores de 3 años y se sitúa en 1 200 € por cada uno de ellos. Además, se establece otra deducción de 2 500 € por cada nacimiento o adopción.

A pesar de que en los últimos años se han incrementado las ayudas económicas por maternidad, un informe del Instituto de política familiar (IPF) destaca que las ayudas españolas no alcanzan el 1 % del producto interior bruto. Pero no todas las ayudas a las familias con hijos tienen un carácter económico, las políticas de conciliación laboral y familiar deben estar orientadas a facilitar a los padres el tiempo necesario para el cuidado de sus hijos. Entre las medidas que pueden adoptarse se encuentran la flexibilización de horarios, las jornadas laborales comprimidas o los permisos de maternidad y paternidad más largos.

# ¿Con quién dejar al bebé?

*Elegir con quién dejar al bebé en función de la situación personal (horarios, economía, etc.) es una decisión que no se toma a la ligera, porque debe confiar en la o las personas que cuiden del bebé. He aquí un repaso de las posibilidades que tiene.*

## Canguro en el propio hogar

Puede recurrir a una canguro para que cuide al bebé en su propio domicilio, opción que resultará más cómoda tanto para la madre como para el bebé. Deberá definir con anterioridad los horarios (si permanece todo el día en el domicilio o si, por el contrario, únicamente acudirá unas horas en las cuales la madre estará ausente), las comidas, la remuneración y en ocasiones las tareas que tendrá que desempeñar. Su hijo debe sentirse cómodo con esta persona y a la inversa, de ahí la necesidad de elegir a alguien en quien pueda confiar y que tenga experiencia en el cuidado de bebés. Para encontrar a la canguro adecuada, quizás necesite realizar varias entrevistas, durante las cuales deberá plantear las preguntas que le parezcan más adecuadas. Lo interesante es que el bebé se desarrolle en su entorno, que pueda dormir más por la mañana, que no vea alterado su ritmo de vida y que no precise adaptarse a un entorno completamente nuevo. Aunque se trata de una opción muy atractiva, el inconveniente es que resulta bastante costosa. No obstante, si lo que desea es una persona que se encargue de su hijo puntualmente si tiene que ausentarse para realizar algún encargo o si desea salir con su pareja alguna vez (cena, ir al cine o al teatro, etc.), o simplemente desea concederse un respiro y no puede disponer de ningún familiar o amigo, esta opción resulta especialmente interesante. Recuerde siempre dejar a la canguro un número de teléfono en el que pueda localizarle. Sea cual sea la opción escogida, una canguro puntual o habitual, es recomendable que los padres establezcan unas pautas claras de horarios y costumbres del bebé.

*El cuidado compartido, con el hijo de un vecino por ejemplo, puede representar una solución más económica para los padres.*

## Direcciones de Internet útiles

● Asociación española de pediatría: www.aeped.es

● www.se-neonatal.es: Sociedad española de neonatología.

● Ministerio de Asuntos Sociales: www.mtas.es

 o la Agencia Tributaria: www.aeat.es/agencia/direc/home.html

● www.amapamu.org: Asociación española de partos múltiples AMAPU, que le resultará de especial ayuda si su parto ha sido múltiple.

## Cuidado del bebé en casa de la canguro

En este caso, el bebé puede permanecer solo en el domicilio de la canguro o junto con un reducido grupo de niños. Puesto que el bebé precisa importantes cuidados, es necesario informarse de la experiencia de la canguro y visitar la casa para comprobar las condiciones en las que permanecerá su hijo. Asimismo, resulta esencial saber el número de niños a cargo de la canguro y sus edades, puesto que un bebé precisa atención constante. En estos casos, la confianza de los padres hacia la canguro es importante, ya que el niño deberá desarrollarse en un entorno que, junto con su hogar, considerará propio. Las referencias de otros padres con respecto a la canguro pueden ser interesantes.

Todavía en la actualidad las plazas en los jardines de infancia son insuficientes, de modo que es preferible preverlo de antemano y conocer otras soluciones.

## Un jardín de infancia

En un jardín de infancia, el bebé estará al cuidado de profesionales con experiencia que en todo momento comprenderán las necesidades de su hijo. Además, el bebé permanecerá en contacto con otros niños, hecho que potenciará sus futuras relaciones sociales. Si el niño tiene una edad superior a un año, jugará con otros niños, al mismo tiempo que aprenderá a compartir, pero, por el contrario, algunos bebés no soportan demasiado el ruido o el ritmo que se establece en un jardín de infancia; además, durante los primeros años de vida, el niño estará expuesto a los virus y, por tanto, es bastante habitual que enferme con frecuencia.

Para salir del paso, piense también en los abuelos y los otros miembros de la familia, así como en sus vecinos y amigos.

## Cuidados en casa de los abuelos

Resulta una opción muy interesante, ya que de antemano los padres saben que su bebé permanece en buenas manos. Además, en muchas ocasiones no es necesario levantar pronto al niño, porque los abuelos pueden acudir a casa de los hijos hasta que el bebé se despierte para después trasladarlo a su propio domicilio. Aunque quizás sea la opción que goce de más confianza por parte de los nuevos padres, hay que tener en cuenta que los bebés requieren un constante esfuerzo de la persona a su cargo, por lo que los abuelos deben estar en forma y ser capaces de seguir el ritmo de un niño de corta edad.

## Saber marcharse y regresar

Independientemente de la solución elegida, va a tener que separarse de su hijo durante un tiempo más o menos prolongado. Confiar a un hijo suele ser más difícil para los padres (y más aún para la madre) que para el niño, que se adaptará rápidamente. Lo mejor es que se vaya ausentando progresivamente para que el cambio no resulte tan brusco.

## Sitios de Internet

### Información acerca de las ayudas vigentes en la actualidad

www.mtas.es
  (ministerio de Asuntos Sociales)
www.aeat.es/agencia/direc/home.html
  (Agencia Tributaria)

### Lactancia

www.laligadelaleche.org
  (Asociación de madres Liga de la leche)
www.vialactea.org
  (Asociación de madres Vía Láctea)

### Salud del bebé

www.se-neonatal.es
  (Sociedad española de neonatología)
www.aeped.es
  (Asociación española de pediatría)
www.pagina-web.de/muertesubita
  (Asociación para la prevención de la muerte
  súbita en Madrid)
www.vacunas.org
  (Asociación española de vacunología)

## Direcciones útiles

### El bebé

#### Organismos relacionados con la infancia

● El Defensor del menor
C/Beatriz Bobadilla, 14
28040 Madrid
Tel. 91 563 44 11
www.defensordelmenor.org

● UNICEF (España)
C/Mauricio Legendre, 36
28046 Madrid
Tel. 91 378 95 59
www.unicef.es

● Observatorio de la infancia
www.mtas.es/inicioas/observatoriodeinfancia/
presentacion/index.html

● OIA Observatorio de la Infancia en Andalucía
Paseo de los coches s/n
18009 Granada
Tel. 958 029 760
http://oia.easp.es/oia/esp/index.aspx

● Associació catalana de llars d'infants
Pau Claris, 162, 2on 2a
08037 Barcelona
Tel. 93 215 30 11
www.assllars.org

#### Asociaciones médicas

● Sociedad española de neonatología
www.se-neonatal.es

● Sociedad española de ginecología y obstetricia
Paseo de La Habana, 190
28036 Madrid
Tel. 91 350 98 16
www.sego.es

● Asociación española de pediatría
C/Aguirre, 1 bajos derecha
28009 Madrid
Tel. 91 435 49 16
www.aeped.es

## La madre

### El parto

● Asociación de matronas
Avda. Menéndez Pelayo, 93
28007 Madrid
Tel. 91 502 00 95
www.matronasmadrid.com

### Ponerse de nuevo en forma

● APSE (Asociación de profesionales
del shiatsu en España)
C/Atocha, 121
28012 Madrid
Tel. 91 429 49 89
www.shiatsu-es.com

● Sociedad española de talasoterapia
www.set.com.es/index.php
www.abalnearios.com/talasoterapia/index.htm

### Lactancia

● Asociación de madres Liga de la leche
www.laligadelaleche.org

● Asociación de madres Vía Láctea
www.vialactea.org

### Organismos oficiales para información acerca de las ayudas económicas

● Ministerio de Asuntos Sociales
Condesa de Venadito, 34
28027 Madrid
www.mtas.es

● Agencia Tributaria
www.aeat.es/agencia/direc/home.html

● Societat catalana de pediatria
Major de Can Caralleu, 1-7
08017 Barcelona
Tel. 93 203 03 12
www.scpediatria.cat

● Sociedad española de gastroenterología,
hepatología y nutrición pediátrica
Hospital Universitario de Valme
Carretera de Cádiz s/n
41014 Sevilla
Tel. 95 501 57 45
www.gastroinf.com

● Sociedad española de inmunología clínica
y alergia pediátrica
Tel. 93 431 88 33
www.seicap.es

● Asociación para la prevención de la muerte
súbita en Madrid
C/Peloponeso, 18
28032 Madrid
Tel. 91 775 52 80
www.pagina-web.de/muertesubita

● Registro de osteópatas de España
www.osteopatas.org

# Índice